LÉON CAILHAVA

BIBLIOPHILE LYONNAIS

ESQUISSE

PAR

AIMÉ VINGTRINIER

LYON

GLAIRON-MONDET, LIBRAIRE-ÉDITEUR

8, Place Bellecour, 8

—

1877

LÉON CAILHAVA

BIBLIOPHILE LYONNAIS

CAILHAVA

BIBLIOPHILE LYONNAIS

(Esquisse) .

E n'est point un étranger, ce n'est point un ancêtre dont la vie remonte au moyen-âge que nous présentons aujourd'hui à nos lecteurs. Pendant quarante ans, Léon Cailhava a rempli Lyon, sa ville natale, de son nom et de son élégante personnalité. Disparu depuis peu, il n'est encore oublié de personne ; c'est donc d'un compatriote et d'un contemporain que nous allons esquisser la vie, mais, qu'on se rassure ; la moitié de cette existence que nous avons tous connue sera laissée dans l'ombre ; nous ne parlerons ici que du bibliophile habile et plein de goût, du sympathique et aimable érudit, de celui qui, pour sa bibliothèque, a su découvrir et assembler des raretés ou des chefs-d'œuvre.

On a cru longtemps la famille Cailhava venue du Portugal. Elle se prétendait, quant à elle, d'origine basque. Une branche s'était établie près de Toulouse, une autre près de Montpellier. De la branche de Toulouse est issu Jean-François Cailhava, membre de l'Institut, décédé en 1813.

Cailhava, notaire à Poussan, près de Montpellier, eut cinq fils :

1° Cailhava l'aîné, oratorien.

2° Cailhava Roch, homme de loi à Lyon, mort dans cette ville en 1813.

3° Cailhava Justin, négociant en soieries, à Lyon ; marié, en 1793, avec Mme veuve Cavalier, née Claudine Massacrier. De leur union, naquit Léon Cailhava, dont nous nous occupons. M. Justin mourut à Chambéry, le 30 décembre 1825.

4° Cailhava, Antoine, né le 28 octobre 1748, ancien directeur de la Compagnie du canal de Givors, chevalier de la Légion d'honneur, décédé dans sa maison, rue Saint-Dominique, 11, à Lyon, en mai 1832 ; enterré dans son tombeau, à Sainte-Foy, près de Lyon.

5° Cailhava, Simon, voyageur de commerce, mort dans un âge peu avancé.

Léon Cailhava, né à Lyon, rue des Deux-Angles, le 26 messidor an III, 13 août 1795, fut élevé au pensionnat de l'Enfance, à la Croix-Rousse ; il y entrait, comme le jeune Alphonse de Lamartine venait d'en sortir. C'était le pensionnat à la mode en ce temps-là.

Il fit sa philosophie au Lycée de Lyon et y eut pour maître M. Gourju.

Vers 1821, il entra dans la maison Bonafous, maison honorable et fort connue dont les messageries faisaient le service entre Lyon et l'Italie. M. Matthieu Bonafous, agronome, philanthrope, écrivain, est un des bienfaiteurs de la cité.

Léon Cailhava fut employé dans les bureaux de cette administration d'abord à Turin, puis à Milan, où il resta jusqu'en 1829 ; il revint à Lyon, vers cette époque, épris de l'amour des arts qu'il avait puisé en Italie, avide des émotions qu'ils font éprouver, aimant les livres, les tableaux, la musique, les spectacles et non-seulement amateur ardent, mais connaisseur. En reprenant sa place dans la maison Bonafous, déjà installée à cette époque au milieu de cette rue Neuve à qui le soleil et l'air sont si parcimonieusement ménagés, surtout avant que la rue de Lyon ne fût ouverte, combien il dut regretter la vie facile de l'Italie, le soleil brillant et serein, la brise parfumée, les promenades du soir, les conversations expansives et bruyantes et cette existence en dehors, toute de sensations, toute d'éclat et de mouvement, après laquelle nos brouil- lards paraissent si lourds, notre ciel si inclément, nos mœurs si sévères et notre vie si sérieuse et si gourmée.

De son séjour à Milan, Cailhava garda des mœurs ita- liennes ; ont eût dit un gentilhomme de Florence au temps des Médicis ; il avait du grand seigneur les allures, l'aspect et les mœurs, la générosité et l'habitude, rare à Lyon, de donner son argent sans compter.

En 1832, l'héritage de son oncle Antoine, qui lui laissait une opulente fortune, lui permit de se livrer à tous ses goûts sans y regarder. Les livres particulièrement atti- rèrent son attention; il avait pour dénicher des éditions rares, des livres précieux, des curiosités inconnues, un tact, un flair et un bonheur qui ne se sont jamais dé- mentis. Servi par d'immenses relations, il eut bientôt une bibliothèque célèbre et il prit place avec honneur à côté des Coste, des Yemeniz, des Brolemann, des Chaponay dont la réputation est un honneur et une gloire pour Lyon. Il faisait partie de cette Société des vingt-cinq bibliophiles lyonnais (1) qui publia de si élégantes éditions et fit tirer à vingt-cinq exemplaires des raretés comme les *Quincarnon*, le *Lugdunum Priscum*, les *Facéties lyonnaises*, le *Lyon souterrain*, *Syméoni*, etc.

Quoique possesseur d'un bel immeuble, rue Saint-Dominique, Cailhava s'était fixé dans un appartement confortable mais relativement modeste, n° 1, quai des Cordeliers

---

(1) Nous adoptons ici l'opinion de M. Monfalcon qui, dans plusieurs de ses ouvrages, parle d'une *Société des Bibliophiles lyonnais* organisée sur le modèle de la célèbre *Société des Bibliophiles français*.

M. Yemeniz en nie l'existence et il déclare, dans le Catalogue de ses livres, qu'elle n'a jamais vécu ailleurs que dans les écrits de l'historien lyonnais qui, en publiant diverses curiosités historiques, les faisait tirer à vingt-cinq, trente, quarante, ou cinquante exemplaires et les adressait ensuite à quelques personnes dont l'amour pour les lettres était connu.

Ces amateurs s'empressaient de remettre à M. Monfalcon le prix que celui-ci indiquait, mais sans qu'il y eût entente ou solidarité entre ces divers acquéreurs.

On a, du reste, nié aussi parfois et avec d'aussi bonnes raison, l'existence de l'Académie angélique, qui, suivant une version, aurait tenu ses séances sur la colline de Fourvière, dans la maison de Nicolas de Langes, président de Dombes.

Malgré les dénégations des sceptiques, on croit généralement aujourd'hui à cette Académie ou, si on aime mieux, à ces réunions au sein desquelles se faisaient des lectures, à certains jours fixés d'avance.

Pourquoi ne croirait-on pas de même à une Société composée de bibliophiles heureux de posséder les livres que publiait avec tant de soin le bibliothécaire de la ville et ne le laissant jamais dans l'embarras, malgré les rivalités si vives qui existaient entre plusieurs d'entre eux ? Si M. Monfalcon n'eût pas compté sur un appui certain, il n'eût pas couru l'aventure de ses publications, qu'il imprimait d'ailleurs ouvertement sous le nom et le couvert des *Bibliophiles lyonnais*.

aujourd'hui de l'Hôpital. C'est là que sa riche collection attirait les amateurs, là qu'il recevait les bibliophiles sérieux, là qu'il vécut entouré de livres et de tableaux, de 1832, jusqu'au 15 décembre 1863 ; exemple rare de fidélité au foyer, à une époque de changement, d'ambition et de luxueux apparat.

Nous ne prétendons point insinuer par là que Léon Cailhava ait vécu en moraliste et en sage ; telle n'est point notre ambition, et la mémoire de nos contemporains serait là pour nous démentir ; il aimait les artistes, la table et les plaisirs ; encourageait l'école de danse comme l'école de chant et, plus d'une fois, nos entreprises théâtrales durent le plus net de leur avoir à la générosité de celui qui n'avait des cordons à sa bourse que pour l'ouvrir.

Mais où Cailhava se montrait généreux, prodigue et gentilhomme à la façon du siècle dernier, c'est dans sa belle campagne, appelée la *maison Grise*, qui avait appartenu au célèbre sculpteur lyonnais, Jean Thierry, villa si élégamment assise sur le coteau de Sainte-Foy, au-dessus du confluent du Rhône et de la Saône, et en face du spectacle le plus grandiose que la nature puisse donner.

Là, sous de grands arbres séculaires, au bruit des eaux murmurantes et non loin de cette grotte, où plutôt de cette balme ombragée, que Jean-Jacques Rousseau, dans ses *Confessions*, a si magnifiquement décrite, notre heureux propriétaire pouvait contempler, au nord, les montagnes bleues du Bugey et cette colline pittoresque baignée par le Rhône depuis Meximieux jusqu'à Lyon ; au levant, sur une étendue infinie, les Alpes de la Savoie et du Dauphiné, dont les cimes les plus célèbres sont en tout temps couvertes de neige ; entre les Alpes et Lyon, une plaine immense, sil-lonnée de routes qui fuient dans toutes les directions et couverte, depuis un siècle à peine, d'une ville nouvelle qui n'a pas de limites ; au midi, le Rhône rapide, doublé de largeur depuis son union avec sa compagne, se courbant autour des collines de Pierre-Bénite et d'Irigny et disparaissant au loin derrière les derniers contre-forts descendus de Pilat ; enfin, au pied même du spectateur, la grande cité se développant sur une longueur de plusieurs kilomètres, depuis les hauteurs de la Croix-Rousse et les ombrages de la Tête-d'Or, jusqu'au confluent des deux fleuves, et présentant à l'œil étonné sa ligne interminable de quais, ses places magnifiques, ses rues, ses monuments, ses usines, et, par dessus tout, entourée de l'auréole de son histoire et de ses souvenirs.

On comprend que le maître de cette incomparable villa dût aimer à faire partager son bonheur, et à entendre les cris d'admiration échappés à l'étonnement et à l'enthousiasme de ses visiteurs.

Aussi, la *maison Grise* chômait-elle rarement d'invités ; artistes de nos deux scènes, peintres, poètes, bibliophiles, érudits, se succédaient sous ces ombrages hospitaliers, accoutumés aux beaux-arts, et à cette table si franchement ouverte à quiconque portait un nom. Ce fut là qu'arriva cette aventure charmante, trop naïve pour n'être pas vraie, trop connue de la génération qui s'en va, pour qu'on ait le moindre doute sur la véracité des détails, qui défraya pendant nombre d'années la gaîté des amis de Cailhava, et dont notre cher Léon Boitel, le fondateur de la *Revue du Lyonnais*, fut le héros maladroit et malheureux.

Boitel en faisait lui-même volontiers le récit et c'est de lui que nous le tenons. Nous ne demandons que de conter avec le même charme, d'avoir la même verve et le même esprit.

C'était dans l'après-midi d'une splendide journée d'été ; le soleil ardent se rapprochait de Sainte-Foy, et ses rayons penchés coloraient vivement, du bon côté, les arbres, les fabriques et les maisons de la plaine du Dauphiné. Les cimes des Alpes resplendissaient comme des phares ; au pied de la colline, le Rhône et la Saône ressemblaient à deux fleuves d'acier brûlant ; la plaine entière paraissait calcinée et les chaudes vapeurs qui s'élevaient d'ici et de là au-dessus des *Brotteaux Rouges*, faisaient plus vivement apprécier l'épaisseur de l'ombrage que projetaient les vieux tilleuls, et la bise rafraîchissante qui se jouait dans leurs rameaux.

En ce moment, un groupe nombreux d'artistes, invités à dîner chez Cailhava, s'extasiait devant le magnifique panorama de la terrasse. Là, comme au temps où vivait Jean Thierry, se trouvait l'élite de l'Ecole lyonnaise.

Parmi les célébrités dont le nom a survécu, on remarquait Bonnefond, le puissant coloriste, le maître au pinceau vénitien qui eût illustré la France par son génie, si, s'arrachant aux cagnardises de la province, il eût habité Rome ou Paris ; Trimolet, l'archéologue, dont la brosse habile, se jouant des difficultés, tantôt rivalisait avec les Flamands pour la finesse et la perfection des détails, tantôt se promenait large et fière sur la toile, comme si lui-même eût été Florentin ; Genod, le peintre gracieux, écrivain aimable, chansonnier facile ; comme Trimolet, se servant également bien de la plume et du pinceau, et comme lui, attiré dans toutes les fêtes qu'on voulait égayer par une joie franche et de bon aloi ; Duclaux, le peintre fidèle des animaux, le graveur au burin pur et sévère, le convive à la causerie gauloise, telle qu'elle est admise dans la bonne société ; au milieu de ces maîtres, un autre maître, le célèbre imprimeur Louis Perrin, aussi bon dessinateur que ses amis, et créant lui-même ces fleurons délicieux, ces lettres ornées charmantes, ces culs-de-lampe si fins, ces mascarons gouailleurs, qui ornent les chefs d'œuvre sortis de ses presses. Perrin en train d'inventer ce type archaïque dont l'élégance a immortalisé son nom ; Dardel, architecte, le futur auteur du Palais du commerce, dont les traits de bravoure et d'audace auraient illustré les états de service d'un capitaine de grenadiers ; Maniquet surnommé, dès le collége, Maniquet-Musique, puis un paysagiste aimé de tous, le gai Fonville, si parfait dans la charge, et ce malheureux Guindrand, qui excellait à rendre la profondeur des horizons et qui est mort privé de raison, quand la fortune et la gloire ne lui demandaient plus, pour le couronner, qu'un si petit nombre d'années de luttes et d'épreuves.

Allions-nous oublier le roi de ces fêtes et de ces réunions. le docteur Morel, dont les chansons désopilantes ont égayé si longtemps les desserts ? Comme il était fêté partout quand il arrivait, l'œil vif, la face joviale, la tête aussi privée de cheveux qu'une bille de billard, et comme on l'applaudissait, quand il chantait :

> O ciel ! Que viens-je d'apprendre !
> Les amis sont réunis ?
> Je me hâte de m'y rendre,
> J'ai des droits pour être admis.
> On rira,
> On boira
> Vins de qualités exquises ;
> On y dira des bêtises !
> Parbleu ! je dois être là !
>
> . . . .
> . . . .

Au pavillon Nicolas
Je sais bien que, pour mon compte,
Etiquette reste en bas,
Quand bêtise avec moi monte.

J'enrage, de bonne foi,
De voir, autour de la nappe,
Des gens plus bêtes que moi:
Ça m'étonne et ça m'attrape.

Amis, quoique médecin,
A vos santés je veux boire !

. . . .

. . . .

Il faudrait avoir connu *de visu* tous ces esprits fins, gaulois, bons enfants, pour se faire une idée même légère des propos pétillants, gouailleurs, profondément artistes toujours qui s'échappaient de toutes ces lèvres joyeuses, des paroles bouffonnes ou charmantes qui se croisaient, des dialogues burlesques, insensés dans lesquels éclatait un si pur amour du grand et du beau ; des plaisanteries caustiques et mordantes qui effleuraient les épidermes sans jamais égratigner la peau. Genod et Fonville, en verve ce jour-là, étaient lancés dans une conversation en langage canut ; leurs amis riaient au grand large et Perrin lui-même, perdant sa gravité traditionnelle, ne pouvait retenir un sourire qui faisait épanouir son visage et, se reflétant dans son œil intelligent, perçait derrière ses lunettes d'or.

Presque tous ces convives appartenaient d'ailleurs à une Société dite des *Intelllligences*, espèce de Caveau dont le règlement joyeux exigeait qu'à table chacun eût bon appétit et beaucoup d'esprit. Les chansons étaient d'obligation. Amédée Bonnet, le célèbre chirurgien, Victor de Laprade, le poète, Léopold de Ruolz, le statuaire, Desjardins, l'architecte, y firent une courte apparition, mais ils s'en retirèrent presque aussitôt. Cailhava, ami des artistes, avait été reçu membre le 24 mars 1843, cette année même où il avait si largement ouvert sa bourse aux infortunes du théâtre.

Chez Cailhava, le règlement devait être observé aussi sévèrement qu'au Pavillon Nicolas, lieu habituel des réunions.

Voici quelques articles de ce qu'ils appelaient primitivement : *La Chose*, avant que la jalousie d'un petit journal n'eût affublé leur Société d'un nom qu'ils gardèrent :

« Le but de la *Chose* est de rapprocher, dans un dîner, de bons vivants qui se conviennent et qui se trouvent séparés dans la ville par une infinité de moellons de diverses natures.

« La *Chose* aura lieu tous les mois, à la volonté du Secrétaire.

« Le nombre des membres de la *Chose* est irrévocablement fixé à trente, pour qu'elle ne soit pas confondue avec les Académies où l'on panse beaucoup, mais où on digère mal.

« L'unanimité est de rigueur pour l'admission de chaque postulant. Elle n'aura lieu qu'au scrutin secret. On y procèdera, selon la saison, soit avec des graines de raisin, soit avec des amandes, soit avec des cornichons. Dans ce dernier cas, il faudra, pour l'admission, autant de cornichons qu'il y aura de membres présents. »

M. Alexis Rousset, dans ses *Vieux châteaux et vieux autographes*, fait connaître cette joyeuse réunion mieux que nous ne pourrions le faire.

Cependant, quatre heures vinrent à sonner, et le bruit des horloges de la ville arrêta les conversations. Les convives se regardèrent d'un œil inquiet. Au silence éloquent qui se fit, Cailhava répondit par une invitation à se rapprocher de la maison ; le dîner devait être prêt.

— On n'attend pas Boitel ? dit une voix timide qui souleva d'énergiques protestations.

— Jamais il ne vient à l'heure, répondit-on de toutes parts.

— Quand on est dans les affaires...

— Lui ?.... en ce moment, il contemple un pêcheur à la ligne, un radeau qui passe......

— Ou une gravure nouvelle....

— Ou le petit pied d'une jolie femme qui trottine sur la route des Brotteaux ou de Saint-Clair.

— Et quand il reviendra haletant, suant, tout essoufflé, il nous criera, en agitant les bras et en secouant son chapeau : Que voulez-vous ? j'ai rencontré une charrette !

— Ah ! c'est bien là son mot.

— Nous l'attendrons à table, répliqua l'amphitryon.

Cette assurance calma les inquiétudes, et le groupe de bonne humeur quitta les sombres allées en se dirigeant vers la maison.

Marchant ainsi à petits pas, les causeurs se trouvèrent devant un bassin bordé de pierres de taille, du milieu duquel s'élançait un joli jet d'eau. De magnifiques fleurs de nénuphar s'épanouissaient sous la pluie de perles que faisait resplendir le soleil. Une planche, assez mal assujettie, avait été jetée sur le réservoir par le jardinier et s'appuyait par une extrémité sur le rebord de pierre, par l'autre sur le cippe d'où sortait le bec du jet d'eau.

— Voici une planche, s'écria Bonnefond d'un air inspiré en étendant solennellement sa main vers le réservoir, d'où

Boitel tombera dans l'eau, avant ou après dîner, en voulant cueillir des nénuphars.

Un immense éclat de rire accueillit cette bouffonne prophétie, et chacun lança un quolibet sur le malheureux absent.

— Vous avez raison, dit Cailhava ; je vais lui faire préparer un vêtement de rechange.

— Et complet, dit le groupe jovial.

— Complet de la tête aux pieds, répliqua le maître de la maison ; des souliers à la cravate.

A peine Cailhava éloigné, la cloche d'entrée retentit brusquement ; la porte s'ouvrit, et Boitel parut, le chapeau à la main, ses longs cheveux au vent, le gilet ouvert, l'œil animé ; il s'avança rapidement vers ses amis.

On le cribla.

— Toujours en retard !
— Toujours oublieux !
— Toujours flaneur !
— Que voulez-vous ? j'ai rencontré une charrette !

A ce mot attendu les rires éclatèrent.

Surpris d'une hilarité que rien ne semblait bien justifier, Boitel s'arrêta, promena un regard interrogateur autour de lui, puis, sa nature sensitive, qui ne lui permettait pas de suivre longtemps la même idée, reprit le dessus, son cœur parla ; il glissa, sans rancune, entre les divers groupes, échangea quelques paroles, offrit de chaleureuses poignées de main et, tout à coup, pensa au maître de la maison.

— Et Cailhava ?
— Il s'occupe de vous, chez lui.
— De moi ?

Les rires bruyants recommencèrent à nouveau.

Cette fois, Boitel, presque froissé, flaira quelque mystification, quelque coup monté contre lui, et voulut y échapper.

— Oh! les beaux nénuphars, s'écria-t-il en courant à la pièce d'eau. Comme ils sont épanouis, larges et ouverts ; quelle fleur magnifique! je vais en cueillir une!

Et le voilà qui s'élance vers le bassin perfide, met un pied sur la planche, s'avance étourdiment, se penche et culbute au milieu des plantes aquatiques qui le reçoivent comme un matelas.

L'explosion d'hilarité, cette fois, n'eût plus de bornes.

Les trépignements, les convulsions saisirent les convives; les mains sur les hanches, ils étouffaient. Boitel remis sur ses pieds s'approchait du bord, couvert d'herbes et de joncs, comme un dieu marin. Arrivé contre la margelle du bassin, il tendit une main ruisselante à ses amis et implora leur secours.

Mais ceux-ci étaient bien trop occupés des explosions de leur folle joie. A la stupéfaction du malheureux naufragé, tous restèrent en place, trépignant, tournant sur eux-mêmes, et se livrant à des torsions et à des éclats de rire convulsifs que rien ne pouvait arrêter.

Boitel, le bon Boitel, blessé cette fois par ce procédé inconvenant de la part de tant de gens qu'il aimait, se coucha sur la dalle mouillée, au grand détriment d'un gilet blanc superbe et d'un habit noir tout neuf, sortit de l'onde un pantalon d'une coupe irréprochable et se hissa comme il put hors du malencontreux bassin.

Il ruisselait de la tête aux pieds. Sa figure pâle reflétait un indicible et douloureux étonnement. Il fit un pas, mais personne ne s'approcha de lui et les rires continuèrent toujours.

Attiré par le bruit, Cailhava parut sur le seuil de sa demeure.

— Est-ce fait ? s'écria-t-il.

— C'est fait, répondirent les rieurs.

— Mon cher Boitel, comme votre chute était prédite et prévue, veuillez entrer ; vous trouverez, ici à côté, de quoi vous changer complètement.

Boitel resta interdit.

— Allons, hâtez-vous, nous dînerons en vous attendant.

Quelqu'un put souffler au malheureux la prophétie burlesque de Bonnefond. A son tour, l'excellent Boitel prit part à la commune hilarité, et, trempé comme un barbet qui sort de la rivière, laissant une longue trace humide derrière lui et souillant parquets et tapis, il courut se changer.

Mais la joie n'était pas finie et les éclats de rire reprirent de plus belle, quand on vit entrer dans la salle à manger et s'approcher de sa chaise vide le mince et svelte naufragé perdu dans les immenses vêtements de Cailhava.

David affublé de la dépouille de Goliath, Clorinde dans la cuirasse d'Argant, Mlle Pati dans la robe de l'Alboni, M. Thiers dans la défroque d'Alexandre Dumas n'auraient pas eu plus fantastique tournure. Mais Boitel qui, cette fois, avait repris sa verve et sa gaîté, tint tête aux rieurs, leur renvoya d'une main leste leurs traits piquants et leurs quolibets, puis bientôt lancé lui-même par les vins généreux ou plutôt par l'atmosphère générale, et monté au diapason de tous, il se prit à leur conter par bravade sa fameuse visite à madame Desbordes–Valmore, scène désopilante qu'il racontait volontiers dans l'intimité. Qui n'a pas entendu dire à Boitel cet épisode de sa vie littéraire ne connaît complètement ni le fondateur de la *Revue du Lyonnais*, ni l'habile imprimeur du *Lyon ancien et moderne*, ni l'auteur de ces poésies délicates et charmantes, qui, sous le titre de *Feuilles mortes*, révèlent tant d'imagination, de fraîcheur et de sensibilité.

Boitel avait été envoyé à Paris étudier la pharmacie dans l'espoir qu'il succèderait à son père, mais celui-ci apprenant que son héritier faisait, dans le quartier latin, de jolis vaudevilles, des poésies fugitives et des dettes, le rappela bien vite à Lyon et le pria de lui servir de premier aide dans son officine. Il n'y avait pas à reculer. M. Boitel père plaisantait peu ; les cordons de la bourse étaient coupés ; les fonds n'arrivaient plus. Boitel fils baissa la tête et se soumit.

En ce temps là, madame Desbordes-Valmore, déjà célèbre, avait été engagée, ainsi que son mari, par la direction de nos théâtres. Boitel, quoique revêtu officiellement du tablier et des manchettes inhérentes à son emploi, eut bientôt pris connaissance de ses ravissantes poésies que toute la France applaudissait et transporté à la lecture de ses vers, ému des douleurs révélées dans ses élégies, il rêva de lui être présenté. Comment ? là était le difficile. Bonne mère et bonne épouse, madame Desbordes–Valmore ne quittait la scène que pour se retirer et vivre modestement dans son intérieur. Etre admis n'était pas donné au premier venu. Un hasard heureux, inespéré se présenta. Il est vraiment une Providence pour les amoureux, les ivrognes et ces grands enfants rêveurs qu'on appelle des poètes.

Un jour, sans préparation aucune, sans que rien pût lui faire prévoir ou pressentir un si grand événement, Boitel, en rêvant amour et poésie, manipulait je ne sais quelle substance dans l'arrière-magasin. Son père l'interpella brusquement.

— Léon, un looch à porter, de suite.

— J'y vais.

— Rue Clermont, 3, au troisième, la porte à droite.

— Bien.

— Chez Mme Valmore, une dame du théâtre, qui est souffrante.

— Hein ? quoi ? comment ? Mme Valmore ? vous dites? j'y vais, j'y vais.

Et se précipitant, ébloui, troublé, sur une feuille de papier, Boitel saisit une plume, la mâcha vivement et lâchant toutes les écluses de son cœur et de son imagination, improvisa un sonnet rempli d'admiration, de louanges, d'hyperboles et de points d'exclamation ! Qu'est devenu ce chef d'œuvre ? nous donnerions beaucoup pour le trouver; Boitel ne s'en est jamais souvenu.

— Léon, que fais-tu là ? pars-tu ?

— Oui, oui, je pars.

Le sonnet était fini et Boitel le corrigeait.

— Ne t'amuse pas en route, ne flâne pas et surtout ne renverse pas le looch.

— J'y vais, j'y vais.

C'en était fait, les vers étaient corrigés et à peu près sus, Boitel partit.

Il s'éloigna d'abord rapidement, tout à sa pensée, tenant d'une main son looch, de l'autre, son sonnet ; secouant l'un, repassant l'autre, marchant très vite, s'arrêtant, heurtant les passants qu'il ne voyait pas, déclamant, gesticulant, mais, dans tous les cas, oubliant complètement, cette fois, de regarder derrière les vitres des magasins.

Le sonnet parfaitement su, Boitel hâta sa course, mit ses vers dans sa poche et entra dans la rue Clermont, rue étroite, active, bruyante, une des plus passagères du quartier des Terreaux et dont la première maison faisait angle avec la rue Lafont. La rue aujourd'hui a fait place à la rue de l'Hôtel de ville. La maison que Mme Valmore habitait était la seconde et occupait l'emplacement où est Clot, le marchand de musique allemand ; Boitel ému gravit rapidement trois étages et sonna.

Un grand Monsieur à figure ouverte et sympathique ouvrit. Boitel fut surpris en se trouvant vis-à-vis de ce colosse, il balbutia :

— C'est le looch pour Madame.

— Marceline, dit avec intérêt M. Valmore, c'est ton looch.

Boitel entra dans une chambre faiblement éclairée et aperçut une jeune femme à demi couchée sur une causeuse ; deux enfants jouaient à ses pieds.

La jeune dame se souleva :

— Ah ! mon looch, Monsieur, merci.

— Oui, Madame, à prendre promptement, le voici, avec un sonnet, c'est à dire, oui, c'est un sonnet que je viens d'écrire à l'instant ; d'improviser, pour célébrer la grande artiste que Lyon possède, la femme poète dont les vers ravissants...

Il s'arrêta, la sueur perlait sur son front.

M. et Mme Valmore regardèrent avec étonnement cet

inconnu, aux gestes saccadés, qui leur parut avoir le cerveau légèrement détraqué.

L'embarras de Boitel augmenta ; ce sonnet qu'il voulait réciter, il ne s'en souvenait plus. Ne pouvant le débiter, il voulut le lire ; il essaie de fouiller dans ses poches et cherche à tenir d'une seule main le looch et le chapeau, mais ce dernier tombe. Boitel se précipite, fait un faux pas, met le pied dans la coiffe et le chapeau, fortement attaché au soulier, fait des bonds désordonnés dans la chambre.

Boitel l'arrache enfin ; il a son couvre-chef, mais le looch à son tour s'échappe, se renverse et se répand sur le plancher.

Mme Valmore pousse un petit cri d'effroi ; les enfants se rejoignent effrayés contre leur mère ; M. Valmore fait retentir un immense éclat de rire. Boitel éperdu veut s'enfuir, il se retourne, aperçoit une porte, l'ouvre, se précipite et la ferme vivement derrière lui.

Horreur et damnation ! comme on disait dans les drames échevelés de ce temps-là ! il est dans une obscurité profonde ; une odeur de confitures et de sucrerie lui annonce qu'il est dans l'office. Il lance une main en avant, et renverse des biscuits dont la pile bondit et tombe à terre ; il n'ose avancer ni reculer, cloué sur place par la honte et l'effroi. Et cependant, il ne peut rester là éternellement.

— Monsieur ! Monsieur ! s'écrient à la fois M. et Mme Valmore sur des tons différents ; et Boitel sent qu'on fait des efforts violents pour le délivrer de sa prison.

Mais sa consternation est si grande qu'il refuse la liberté ; il se cramponne au loquet, retient la porte, n'ose se faire revoir par cette famille au milieu de laquelle il est si maladroitement entré et fait des efforts inouis pour lutter contre la poursuite de ses ennemis.

Enfin ceux-ci l'emportent. M. Valmore est bien autrement vigoureux que le jeune pharmacien ; la porte cède, et les époux Valmore contemplent ahuris cette figure pâle, effarée qui n'a pourtant pas l'air d'appartenir à un malfaiteur.

A cet aspect, les éclats de rire de M. Valmore recommencent ; Madame sourit ; Boitel s'enfuit, cette fois par la porte de sortie et l'escalier ; parvenu dans la rue, il ne sait s'il doit rentrer chez lui ou faire le tour du quai pour se calmer ; sa catastrophe se représente à son esprit dans tous ses affreux détails ; il a été ridicule et ne s'en relèvera jamais. Pâle, troublé, il se dirige enfin vers la pharmacie paternelle, mais non sans faire encore un long détour, tant il redoute, hélas ! l'interrogatoire et la colère de celui à qui il doit le jour.

Celle-ci, en effet, ne lui fit pas défaut ; il eut beau ne confesser que la moitié de sa faute, supprimer le sonnet pour ne parler que du looch ; il fut savonné de main de maître ; un autre looch fut confectionné ; Boitel avoue que ce n'est pas lui qui le porta.

A quelques jours de là, le temps était revenu au beau : le soleil resplendissait dans l'existence du jeune homme. Léon était l'intime ami de M. et de Mme Valmore ; celle-ci lui donnait des conseils littéraires et tous deux l'aimaient d'autant plus que sa présentation avait été plus excentrique et plus bizarre.

Boitel n'hésitait pas, dans son âge mûr, à raconter cette aventure de sa jeunesse ; il y mettait une verve, une gaîté, un entrain qui amusaient ses auditeurs. Je laisse à penser si ce récit dans sa primeur, fait à table, après son bain, en costume carnavalesque et au milieu d'amis bien disposés, dut faire éclore une désopilante hilarité.

Il avait à peine achevé le récit de sa fantastique odyssée, que les convives entonnèrent les couplets en l'honneur de Cailhava. C'était encore Boitel qui en était l'auteur, mais, pour cause, il ne les chantait pas :

> Plusieurs membres proposent
> Un digne Intelllligent,
> Et tous alors déposent
> Leur vote indépendant ;
> Puis, du fond de l'étui
> Il sortit dix-huit *oui*.

> Le théâtre en débine
> Vraiment faisait pitié,
> Car une grosse épine
> Faisait clocher son pié ;
> C'est cette épine-là
> Qu'arracha Cailhava.

Pouvait-on trop chanter celui qui s'était montré encore plus prodigue que généreux !

Naturellement, on ordonna en chœur à Maniquet de faire entendre son fameux *Voyage en Ailes Vessie*, et Maniquet, se levant, entonna aussitôt avec sa verve enragée :

> Nous allons donc naviguer sur le lac de Genève !
> Nous allons donc naviguer ;
> Ne faudra pas se noyer.
> Car celui-là qui tomberait dans l'onde,
> Il pourrait dire en tombant :
> Adieu, mes chers parents !

. . . .

> Que j'aime ces pivots qui se tournent sur soi-même !
> Et ces grands balanciers
> Qui ont l'air d'être en acier ;

Et ces grands roues avec leurs palettes !
            Monsieur, cette vapeur
            Vous fait beaucoup d'honneur !

Nous voyons voguer sur l'eau une belle barque à Rolle,
            Nous la voyons sur l'eau,
        Ah ! mon Dieu ! que c'est donc beau !
        Voyez, Messieurs, comm'l'air de la nature.
            Lui donne l'impulsion,
            Qui fait notre admiration.

    Que les bords de cette eau sont d'un effet sensible !

. . . .

Il allait ainsi jusqu'à Berne ; qu'on nous permette de nous arrêter auparavant.

Et pourtant, ne pouvons-nous, avant de redevenir sérieux, rappeler un dernier souvenir ? citer encore une dernière chanson, et donner ici, ne pouvant le faire plus tard, la romance de la fin, les couplets moitié gais, moitié mélancoliques, chantés par Morel, en automne, à la Maison Grise, quand tout le monde rentrait à la ville, et qu'un orage commençait à gronder dans le ciel de Cailhava ?

Malgré sa verve railleuse et ses goguenardes allures, Morel, comme tous les poètes, avait-il lu dans l'avenir, et deviné que, ses couplets chantés, les convives dispersés, on ne chanterait plus et on ne dînerait plus sur le coteau de Sainte-Foy, ou que du moins, Cailhava brisé ne recevrait plus chez lui les Intelllligents ?

On le croirait aux efforts qu'il fait pour être humoristique et jovial ; tâche vaine ! c'est la note triste qui prend le dessus.

Voici ces vers qui clôturèrent la période heureuse de la vie de Cailhava.

Adieux a la campagne
de l'ami Cailhava.
air : *Bon voyage!*

Bel ombrage,
Séjour gracieux
L'hiver approche, ah ! pour moi quel dommage !
Bel ombrage,
Séjour gracieux,
En soupirant, je te fais mes adieux.

De te revoir nous gardons l'espérance ;
Nous reviendrons tous ici, crois-le bien.
Pour l'amitié, la joie et la bombance
Est-il séjour plus gentil que le tien ?

Puisque aujourd'hui, mes amis, l'on enterre
Tous les plaisirs que l'on goûte en ces lieux,
Deux médecins sont chose nécessaire ;
L'enterrement ne s'en fera que mieux. (1)

La terre meurt, mais elle ressuscite :
Que n'en est-il de même des humains ?
Le vrai motif se devine de suite....
La terre, amis, n'a pas de médecins.

Cette campagne est vraiment merveilleuse !
Que l'air est pur, que le jardin est beau !
Mais une chose est pourtant ennuyeuse,
C'est qu'un buveur y voit beaucoup trop d'eau.

---

(1) Quel était le second médecin, convive de ce dernier dîner ?

Je ne crains pas l'eau dans une rivière,
Dans un pays d'arbres bien ombragé,
Mais son aspect dans le fond de mon verre
Suffirait seul pour me rendre enragé.

Il est encore une bonne eau que j'aime,
La seule, amis, dont je fasse grand cas,
Je vous le dis, c'est l'onde du baptême,
Qui purifie et que l'on ne boit pas.

Dès le printemps, avant les hirondelles,
Amphytrion, tant aimé, tant fêté,
Nous reviendrons, en convives fidèles,
Recommencer la campagne d'été.

Buvons, amis, au bon propriétaire
Qui de vins vieux est toujours bien fourni ;
Bon Cailhava, fais si bien ton affaire (1)
Que ton caveau soit toujours bien garni.

Adieu, campagne, adieu, riant asile ;
Nous reviendrons, l'an qui vient, Dieu merci !
En attendant, descendons à la ville
Cuver le vin que nous buvons ici :

Bel ombrage,
Séjour gracieux,
L'hiver approche ! ah! pour moi quel dommage !
Bel ombrage,
Séjour gracieux,
En soupirant, je te fais mes adieux !

---

(1) La direction des théâtres.

On pouvait soupirer à bon droit, car après ces couplets, les beaux jours étaient finis.

Et pourquoi eût ont chanté encore ? La mode en passait ; la France devenait préoccupée et sérieuse ; le journalisme remplaçait la littérature des grands siècles ; l'amour des affaires et de l'argent, la générosité et le patriotisme d'autrefois, et les figures étirées, les yeux caves et brillants de la génération actuelle succédaient aux figures ouvertes, franches et loyales de nos pères.

Ces chansons pleines de verve, ces réunions joyeuses, ne sont plus de mise aujourd'hui. On dîne pour dîner ; on mange gravement, on apprécie les vins, puis on fume, mais on ne cause plus. Les fusées de l'esprit gaulois sont éteintes et les éclats de fou rire sont interdits au dessert.

Ils n'existent plus non plus, ces convives aimables. dont les noms viennent de tomber de ma plume : Cailhava, Bonnefond, Trimolet, Genod, Perrin, Boitel ! Pas un n'a survécu. Leurs œuvres, il est vrai, nous sont restées comme des modèles, mais, eux-mêmes, ils n'ont pas eu de successeurs. Visitez la maison hospitalière de Cailhava : elle aussi a perdu sa verve et son entrain. La célèbre *maison Grise* des Thierry et des Cailhava est devenue maison de santé. Nous pensons qu'on y parle bas et qu'on s'y promène avec dignité. Ses murs discrets, ses grands arbres, ses allées, ses échos ne vous répètent plus désormais les chansons de Trimolet, Genod, Morel, ni les spirituelles causeries, les bruyants propos, ou les joyeux discours des temps passés.

D'où vient donc que cette gaîté soit morte ? D'où vient que les esprits sont aujourd'hui montés à un cran où on ne rit plus, où la plaisanterie n'ose éclore, où la conversation n'existe plus qu'entre femmes, les hommes faisant à peu près défaut dans les salons ? C'est que le monde est las, usé, blasé, largement rassasié et que la politique brûlante, après l'avoir absorbé, détourné de la famille, de la pensée, de l'étude sérieuse et du travail, a brisé tous ses ressorts, tué son imagination, desséché son cœur et l'a laissé sur le sol, dans le même état que les buveurs d'opium de la Chine.

Cailhava, tout ami du plaisir qu'il fût, avait trop d'intelligence pour se livrer pieds et poings liés à ses faiblesses. Il réagissait à ses heures contre lui-même, et savait remplacer une journée de bruyants plaisirs et de papotage à vide par une journée d'étude et de labeur. Aux fous convives succédaient autour de lui les érudits et les penseurs; aux billets parfumés, les lettres d'affaires, les publications graves, les livres précieux, les éditions des maîtres, les incunables et les manuscrits enluminés. Ses têtes de lettres fantaisistes, comme si elles se fussent trompées d'adresse, allaient, au lendemain d'un gai dîner, trouver bouquinistes ou relieurs, érudits ou amateurs ; à Paris : Techener, Délion, Dumoulin, Jannet, Ternaux-Compans, Chéron, Bauzonnet, Capé, Duru ; ou, à Lyon, Bruyère, l'admirable relieur, Rivoire, Suiffet ou Fontaine, les bouquinistes au flair délicat, et les bibliophiles de tous les pays, parmi lesquels nos savants compatriotes n'étaient pas oubliés. On le voyait parfois entrer, frais, jovial, coloré, dans les sanctuaires austères et sérieux où se réfugiaient les Coste, les Yéméniz, les Brolemann, les Chaponay, les Péricaud, les Monfalcon, remplissant, de sa haute taille et de sa puissante rotondité, les pièces trop exiguës ou les fauteuils trop étroits ; mettant indifféremment le pied dans les camps ennemis ou rivaux, écoutant les épigrammes aiguës de quelques uns, les satires amères de quelques autres, et les gardant sagement pour lui ; opposant sa prudente réserve aux récriminations, ou ses manières de gentilhomme aux coups de boutoir cassants de certains esprits chagrins ; discutant d'ailleurs à perte de vue, et comme pas un, sur les presses ambulantes, les livres sans date, le papier à la roue dentée, les mystères de Buyer et de Leroy, les travaux de Treschel, le si fameux *Compendium* de Lothaire; les *Speculum* et les *Donats*, les éditions à la tête de bœuf, les presses de Harlem plus anciennes que celles de Mayence ou sur les imprimeurs inconnus.

Parfois, il accourait triomphant, montrant à ses amis une plaquette rarissime, couverte d'or dans une vente de Londres ou de Paris, ou trouvée à Lyon par hasard et enlevée à un prix minime chez Rivoire ou chez Fontaine. Ces alternatives sérieuses le conservaient en équilibre et en santé, empêchaient sa haute intelligence de sombrer, et surtout lui maintenaient ouverts les salons les plus sévères et les portes les plus réservées.

Un hasard heureux lui fit découvrir un jour un manuscrit du xvie siècle, d'une importance majeure pour notre histoire locale.

Cette curiosité, ce trésor, échappé aux investigations du Père Lelong, du Père Menestrier et de nos plus célèbres fureteurs, avait pour titre : *De Tristibus Franciæ*. C'était un poème latin d'un auteur inconnu, probablement Lyonnais, qui, dans les malheurs de la France, s'apitoie plus douloureusement sur les désastres qui ont frappé Lyon et le Forez.

Trente neuf planches ou dessins, dans lesquels le chagrin et l'amertume s'allient à la caricature et à la satire, représentent les huguenots en figures de singes, démolissant nos édifices religieux, tuant les hommes, insultant les femmes et pillant villages et cités. Ces dessins coloriés à l'aquarelle sont, dit M. Cailhava, de la même main que le manuscrit, mais ne sont pas dus à l'auteur du poème, comme l'a cru le Père de Colonia. Quoique les vers ne soient pas de la plus élégante latinité, ils indiquent un esprit supérieur, une intelligence ornée, un érudit. Le copiste, en traçant d'une écriture nette et lisible ces vers qu'il ne comprenait pas, a faussé la mesure, estropié nombre de mots et montré que ses doigts étaient plus exercés que son cerveau.

M. Cailhava voulut sauver ce monument qui faisait si bien connaître une page douloureuse de notre histoire, et non seulement il fit généreusement les frais de l'impression, mais pour lui donner plus de prix aux yeux des bibliophiles et des historiens, il en confia la publication aux presses célèbres de M. Louis Perrin, qui eut carte blanche pour en faire une œuvre d'art. De cette double colaboration, du goût réuni de ces deux illustrations lyonnaises est sorti un livre précieux, que nos érudits se disputent et qui, aujourd'hui que la bibliothèque Cailhava est dispersée, conservera le nom de l'éminent bibliophile qui l'a mis au jour.

M. Collombet, l'austère écrivain, mort à Lyon, le 18 octobre 1853, sans avoir épuisé le filon de ses travaux, a, dans la *Revue du Lyonnais* d'avril 1842, décrit ce beau volume et donné une dissertation sur les désastres que les calvinistes ont fait subir à notre pays. M. Niepce, conseiller à la Cour d'appel, dans la même *Revue*, numéro d'octobre 1876, a dessiné à grands traits le portrait de Cailhava, décrit rapidement le *De Tristibus Franciæ* et fait l'histoire de cette bibliothèque dont la dispersion, comme la vente des collections Coste et Yéméniz, fut un événement pour les bibliophiles ; mais la richesse était si grande qu'on pouvait y toucher sans l'épuiser ; on peut glaner après ces deux savants, et qu'il nous soit permis de revenir sur ce sujet, qui prêtera longtemps encore à des recherches plus importantes et plus sérieuses que les nôtres.

La bibliothèque de M. Coste était d'une richesse extrême en tout ce qui concernait les pamphlets de la Ligue et de la Fronde, les Mazarinades et les faits peu connus de cet instant de l'histoire de France ; elle contenait nombre de ces plaquettes introuvables que la passion fit naître et que les réactions politiques firent disparaître ; témoins précieux de l'état des esprits en ce moment. Elle était incomparable pour les belles éditions lyonnaises, tous les classiques sortant des presses des plus célèbres imprimeurs que notre ville ait vus naître; quant à la partie lyonnaise proprement dite, imprimés ou manuscrits, autographes ou dessins, propriété de la ville aujourd'hui, elle est le trésor où viennent tous les jours puiser tous ceux qui étudient l'histoire de la cité, et on ne sait ce qu'on doit le plus admirer, ou de la générosité de celui qui a réuni à prix d'or tant de documents historiques, ou de la chance heureuse qui lui a fait découvrir dans tous les coins de l'Europe les épaves que les orages de nos révolutions y avaient dispersées.

La collection Yéméniz plus générale, plus éclectique, ouvrait ses rayons à toutes les curiosités, à toutes les reliures splendides, chefs-d'œuvre de l'art italien, bijoux ciselés que l'orfévre, l'émailleur et l'imagier décoraient à l'envi.

La bibliothèque de M. Cailhava, moins considérable, moins importante, mais presque aussi précieuse et, aussi belle que cette dernière, rivalisait de près avec elle, et en sortant de l'une, on pouvait encore admirer et rêver en présence de l'autre. Aussi riche, plus riche peut-être en éditions lyonnaises des xve et xvie siècles, elle avait aussi des raretés qu'on eût vainement cherchées ailleurs, des unités inconnues aux plus fins dépisteurs, des reliures qui, comme celles de Grolier, faisaient l'admiration ou le désespoir des connaisseurs. Comment choisir dans ce brillant écrin, dont les bijoux valaient plus, dans l'estime des bibliophiles, que les pierreries et les perles de l'Asie?

En voici quelques-uns que nous sommes heureux de faire passer sous les yeux de nos lecteurs, et peut-être n'avons-nous pas su indiquer les plus précieux; qu'on juge de l'ensemble par ces échantillons si variés; ou plutôt, représentez-vous l'heureux propriétaire, prenant lui-même au hasard et vous tendant, avec son fin sourire, à mesure qu'ils se présentent sous ses doigts, ces livres merveilleux qu'il accompagne d'une histoire ou d'un commentaire.

Voyez; vous avez entre les mains :

RECOGNITIO VETERIS Testamenti ad hebraicam veritatem collata, etc. *Venetiis*, in Ædibus Aldi et Andreæ soceri. MDXXIX, in-4, cuir de Russie.

Très-bel exemplaire, d'un livre de toute rareté, dit M. Techener. Et ici, nous commencerons à déclarer que, dans nos appréciations, nous nous servirons des annotations de MM. Techener et Duplessis, deux maîtres dans la science; il nous serait difficile, M. Cailhava n'étant plus, de trouver deux guides plus sagaces et plus sûrs.

D. ERASMI ROTERODAMI Paraphrasis in Novum Testamentum. *Basileæ*, Frobenius, 1541, 2 vol. in-fol., veau à compartiments.

Splendide exemplaire de Grolier, avec la devise : *Grollerii et Amicorum.*

« Les bibliothèques publiques, en France, possèdent cent Grolier, dont 64 pour la part de la Bibliothèque impériale, 14 pour Sainte-Geneviève, 6 pour l'Arsenal; les autres, soit à Paris, soit en province, n'en possèdent qu'un ou deux exemplaires. Seule, la Bibliothèque de la ville de Lyon est privilégiée, et c'est justice ; elle a en partage quatre Grolier. Le plus important est le *Cœlius Rhodiginus, lectiones antiquæ*, libri xvii, Venise, Alde, 1516, in-fol., édition dédiée par les Alde à Grolier, qu'ils qualifient de *Vir præcellens.* »

Raoul de Cazenove. *Notes sur deux Bibliophiles lyonnais*, Lyon, Vingtrinier, 1867, in-8, 51 pp.

« Le long séjour que Grolier fit en Italie eut une incontestable influence sur le goût qui a présidé à leur confection ; le goût, disons-nous, plus que la richesse et l'éclat, car à en juger par les très-beaux fac-simile exécutés par Pilinski, en couleur rehaussée d'or qui décorent les *Recherches sur Grolier*, l'ornementation en était d'une sobre élégance et les teintes des compartiments coloriés et des fonds, plutôt sombres que brillants. Voici, d'après M. Le Roux de Lincy, les caractères généraux des reliures faites pour Grolier : « Généralement en veau fauve ou en maroquin pour les livres les plus précieux ; les peaux en sont très-écrasées. Le dos, presque toujours sans ornement, est à cinq ou six nerfs ; la garde qui recouvre la reliure intérieurement est ordinairement en vélin. Le corps d'ouvrage ne manque pas de solidité. On trouve, au commencement et à la fin du volume, quatre, cinq, et même six feuillets de garde, dont le troisième est en vélin. Des ornements variés, d'un goût toujours très-pur et très-délicat, enrichissent les deux plats du volume. Il y a beaucoup de finesse et d'art dans la manière dont s'ajustent et s'entrelacent ces compartiments nombreux, tantôt or et noirs, tantôt verts, noirs et or, sur fond brun, mais plus volontiers à ornements très-variés en or, avec filets et enroulements de même sur fond vert. Tous ces compartiments, tous ces dessins, s'agencent avec une grâce infinie, sans jamais se contrarier les uns les autres. Les compartiments sont toujours combinés de manière à former, au milieu de chaque plat du volume, soit un carré, soit un losange, soit un écusson. C'est là que se trouvent inscrits, sur le plat recto, le titre de l'ouvrage ; sur le verso, cette devise favorite de Jean Grolier : *Portio mea, Domine, sit in terrâ viventium.* Au bas du plat recto, généralement entre les filets qui forment encadrement, on lit : *Io. Grolierii et amicorum.* Le titre, le nom et la devise sont toujours imprimés avec des lettres d'or, en beaux caractères romains, que le trésorier des finances avait fait faire à son usage. » M. Le Roux de Lincy estime que ces lettres sont celles que fit, vers 1523, le célèbre Geoffroi Tory, peintre, graveur et imprimeur royal, sous François Ier, pour le trésorier Grolier, « amateur de bonnes lettres et de tous les personnages savants. »

« *Le trésorier de Milan*, comme on l'appela longtemps, était des mieux préparés au commerce des lettrés italiens. Ceux-ci admiraient en lui la réunion des plus rares qualités de l'esprit, et éprouvèrent plus d'une fois les généreuses qualités de son cœur. — Pendant cinquante ans, dit Pernetti, Grolier fut regardé comme le Mécène universel. — Aussi ne s'étonne-t-on plus de ce concert d'éloges et de ces dédicaces si nombreuses, qu'Erasme a pu dire que le nom de Grolier se trouvait à la tête de tous les livres qu'on imprimait de son temps. »

Raoul de Cazenove, *loco citato*.

On sait que M. Coste avait, dans sa splendide bibliothèque, onze volumes de Grolier, c'est-à-dire trois fois plus que la ville de Lyon et un dixième, à lui tout seul, de ce que possédait la France entière.

C'était une richesse que plus d'un souverain pouvait lui envier.

PRÆCES PIÆ, in-8, mar. puce, fil. tr. d. (*Kœhler.*)

Très-beau manuscrit sur vélin du xve siècle, orné de vingt grandes miniatures. Encadrements, arabesques et médaillons, or et couleur, à chaque page. Quatre-vingts feuillets. Vendu 526 francs.

Ce volume a cela de singulier que le calendrier est écrit sur un fond or, rouge, bleu et noir. Chaque entourage est formé des plus gracieuses miniatures.

Un manuscrit portant le même titre, *Prœces piœ*, a été vendu, à la vente Yemeniz, vingt-cinq mille francs. Est-ce le même? Nous n'avons pu le vérifier.

HEURES A L'USAIGE DE ROMME, pour Gillet Hardouin, libraire, demeurant à Paris. (A la fin): Ces présentes heures…ont été achevées à Paris, le 23e jour de novembre, l'an 1503; in-4, goth., fig. s. bois, encadrements, mar. rouge, fil. tr. dor., ciselée. (*Kœhler.*)

Exemplaire magnifique, avec toutes marges et la tranche ciselée de la première reliure.

Heures a l'usaige de Romme, imprimées à Paris, pour Germain Hardouin, s. d., in-8, mar. rouge, tr. dor.; riche reliure ancienne avec armes. Chiffre PP, surmonté d'une couronne ducale.

Exemplaire superbe et parfait de conservation, imprimé sur vélin, avec quinze grandes miniatures et dix-huit petites, coloriées avec beaucoup de goût en or et en couleur.

Graduale ordinis cartusiensis. *Parisiis*, Chaudière, 1578, pet. in-fol. rel, en bois. — Exemplaire d'une beauté hors ligne, imprimé sur vélin, avec plain chant noté.

Outre le luxe de l'impression, ce volume est remarquable par un grand nombre de lettres initiales ornées et coloriées.

Lactantii opera cum præfatione Joa. Andreæ. (A la fin) : Presens Lactantii Firmiani preclarum opus... est consommatum per Udalricum Gallum alamanum et Symonem Nicolai de Luca, anno Domini MCCCCLXXIIII dei vero XII mensis februarii. Pontificatu vero Sixti divina Providentia pape quarti, anno ejus tertio.

In fol. de 257 feuillets, y compris le registre, sans signat. ni réclame, cuir de Russie, tr. d. (*Kœhler*).

Sancti Ephrem sermones, impressum Florentiæ per Antonium Bartholomei Mischromini, M. CCCCLXXXI, augusti XXIII. V. fauve antique à la Dusseuil, tr. d. (*Kœhler*.)

In-fol. de 88 feuillets non-chiffrés, signé A. I. jusqu'à L.IIII, plus un premier feuillet contenant la table au recto.
Edition princeps. Très-bel exemplaire, avec initiales ornées.

A l'honneur de dieu et de sa benoite mere est imprime le livre pour l'homme... et a esté imprime à Lyon sur le Rosne : et requiert bien : avec privilége : a la requeste et despens de Claude Daulphin.

Et ainsy est fini et accompli le livre des creatures ou le livre de lhomme pour lequel sont crees les autres creatures, compile par reverend Raymond... nouvellement imprime a Lyon par Bernard escuyer aux despens de Claude Daulphin… et fut acheve le vii iour du mois de decembre Mil. CCCCC. et XIX in-fol. goth. v. br.

Traduction rare d'un ouvrage autrefois fort célèbre qui avait attiré l'attention de Montaigne. Techener lui donne la date de 1419, ce qui est beaucoup. M. Monfalcon le cite dans son *Nouveau Spon*, il n'est mentionné ni par Pericaud ni par Brunet.

ENCOMIUM TRIUM MARIARUM. — Venundatus a Jodoco Badio et Galeoto a Pratis. (*Parisiis*, 1529) in-4, fig. sur bois, mar. vert à la Dusseuil, tr. dor. (*Kœhler*).

Très-bel exemplaire d'un livre excessivement rare et remarquable par les vingt-cinq figures sur bois dont il est orné. Chaque page de l'office est entourée d'arabesques et de petits tableaux formant diverses suites des figures de la Bible, avec l'explication. Toute cette partie est en caractères gothiques, les deux autres sont en caractères romains.

CY COMMENCE LE MYROUER DE LAME. in-4, goth, de 50 feuillets sans chiffres, signatures, ni réclames. mar. cramoisi, dos et coins sur plats à petits fers, tr. dor. Belle reliure de Duru.

Magnifique exemplaire d'un livre des plus rares. Celui-ci diffère de celui décrit dans le *Manuel du Libraire*, de Brunet, tome III, p. 404.

SONGE DU VERGIER, ou la disputation du clerc et du chevalier. Lyon, imprimé par Jacques Maillet, 1491, 21 j. de mars, gd. in-fol. ant. (*Kœhler*).
Exemplaire de la plus grande beauté.

MARGARITA PHILOSOPHICA. *Friburgi*, Joannes Schotus, 1504, in-4, fig. mar. vert, tr. d. (*Kœhler*).

Livre aussi rare que singulier, bel exemplaire, les figures admirablement coloriées et de la plus parfaite conservation, ancienne musique.

LE GRAND BOECE DE CONSOLATION, imprimé à Paris, pour Antoine Verard le XIXᵉ jour du moys daoust, MCCCCIIIIXX et XIII, in-fol. goth. à 2 col, six miniatures peintes, or et couleur, mar. rouge, doublé à la Dusseuil, tr. dor.

Magnifique exemplaire imprimé sur vélin par Vérard et orné de superbes peintures.

Les enchères ont fait monter ce livre à 1.921 francs.

DIALOGUE de la vie et de la mort, composé en toscan par maistre Innocent Ringhiere, nouvellement traduit en françoys par Jean Louveau, recteur de Chastillon de Dombes. *Lyon*, imprimerie de Robert Granjon, 1558, in-8, *caractères de civilité*, mar. vert, à comp. tr. ciselée.

: — Riche reliure ancienne, presque entièrement dorée sur les plats. Bel. ex. réglé. On sait que Robert Granjon, imprimeur à Paris, vint s'établir à Lyon, où il inventa, en 1557, « la *lettre françoyse* mise en impression, laquelle semble proprement escriture à la main » . Ce livre est donc une de ses premières œuvres en caractères de civilité.

PREMIER LIVRE de Gaspard de Saillans, gentilhomme, citoyen de Valance, en Dauphiné. Lyon, Jaques de la Planche, 1569. in-8, mar. rouge, double fil. d. s. tr.

Du Verdier a prétendu que deux autres parties avaient été imprimées à Lyon, chez Jean d'Ogerolles, en 1575, mais jusqu'ici personne ne les a vues.

Cette première partie, d'une rareté extrême, est le récit très-naïf et très circonstancié de tous les faits qui se rapportent au mariage de l'auteur avec Mademoiselle Louise de Bourges. Rien de bizarre et d'original comme la manière dont il a entremêlé son récit d'observations, de maximes et de sentences qu'on est surpris d'y rencontrer.

LA VRAIE FORME de bien et heureusement régir et gouverner un royaume. A *Monseigneur de Mandelot, gouverneur du Lyonnois*, par François de Saint-Thomas. *Lyon*, pour Jean Saugrain, Commis, 1569, pet. in-8, v. br. fil. d. s. tr. (*Kœhler*).

Très-joli exemplaire d'un livre peu commun et peu connu.

DISCORSI DI NICOLO MACHIAVELLI firentino, sopra la prima deca di Tito Livio, con somma diligenza ristampati. Aldus, 1540; à la fin : *in Venegia, nell anno* M. DXL. in-8, veau à comp. avec la signature de Ballesdens.

Un des bijoux de la bibliothèque Cailhava, exemplaire magnifique, avec les initiales en or, et revêtu d'une reliure Grolier de la plus belle conservation. Sur le premier des plats est la célèbre inscription : *Io. Grolierii et amicorum* ; sur le second, la devise non moins connue : *Portio mea, Domine, sit in terra viventium.*

Si le nom de Grolier donne tant de prix au moindre ouvrage, que diront les bibliophiles d'un volume qui ne se recommande pas moins par le nom de l'auteur et par son impression que par son habit splendide, d'une élégance d'artiste et d'une richesse royale ? Que dire d'un amateur qui possède pareils joyaux dans son écrin ?

« Les reliures que M. Yemeniz a fait exécuter par les Bauzonnet, les Trautz, les Niédrée, les Simier, les Touvenin, les Capé, les Kœhler, les Duru, les Bruyère, sont les dignes filles de celles que le trésorier Grolier confia à des artistes malheureusement restés inconnus. Les filles, disons nous, et non pas les sœurs, car si nos impressions sont exactes, quels que soient la perfection, l'élégance, le goût avec lesquels les relieurs que nous venons de citer ont su décorer les livres confiés à leurs soins, à diverses époques, nul artiste moderne n'a pu surpasser les finesses élégantes de l'ornementation délicate qui caractérise les reliures exécutées au seizième siècle pour Grolier. »

Raoul de Gazenove. *Loco citato.*

Ce volume n'est allé cependant qu'à 625 francs.

Caprice du sort, en 1857, à la vente Renouard, ce même exemplaire est monté à 3,750 francs, et quatre ans plus tard, à la vente Double, il ne baissa que de cent francs.

L'ORLOGE DES PRINCES. On les vend à Paris; en la grande sale du palais, par Galiot-Dupré, 1540. pet. in-fol. veau ant. petits fers, tr. d. reliure ancienne à la Grolier, très-remarquable.

EXPLICIT PRAGMATICA SANCTIO Deo gratias, amen. Petit in-4, goth. de 38 feuillets, sans sign. ni récl. v. br. fil. tr. d. (*Kœhler*).

Edition de la fin du XVe siècle, sortie des presses de Vienne en Dauphiné.

VALLO ; livre contenant les appertenances aux Capitaines

pour retenir et fortifier une Cité. Imprimé à Lyon, par Jacques Moderne de Pinguento, MDXIX, pet. in-8, goth. fig.

Cette traduction très-rare d'un livre italien rarissime, dû à la plume de G. B. del la Valle di Venafro, est curieuse par les figures nombreuses dont elle est ornée, les détails stratégiques et militaires contenus dans les trois premiers livres, et les questions agitées dans le quatrième concernant le point d'honneur.

Les règles à suivre entre militaires dans les relations de la vie et jusque dans les querelles et les discussions, offrent des détails aussi précieux que piquants.

La manière de enter et planter en jardins plusieurs choses bien estranges. S. D. (Vers 1500) in-4. goth. à longues lignes , quatre feuillets non chiffrés, d. rel. cuir de Russie, tr. d.

Petit traité excessivement rare ou plutôt presque inconnu, qui mérite à tous égards l'attention des amateurs et des curieux.

Cornelii Celsi de medicina liber incipit..(A la fin) *Cornelii Celsi de medicina liber finit, Florentiæ*, a Nicolao impressus anno salutis MCCCCLXXVIII. mar. vert, tr. d. (*Derome*).

Huit feuillets pour la table et l'épître à Fontius, au verso du 8ᵉ; sig, A 1. A 4. Le texte commence ensuite au 9ᵉ feuillet, sans signature, ainsi que les quatre suivants ; au 14ᵉ feuillet, commence la sign. A 1, A 2, de quatre feuillets, jusqu'à HH qui n'en a que quatre et non pas cinq, comme le dit le *Manuel du Libraire* de Brunet.

Perle précieuse, magnifique exemplaire, avec les initiales peintes en or.

Problèmes d'Aristote et autres filozofes et médecins selon la composition du corps humain, avec ceux de Marc Antoine Zimara, à *Lion*, par Jan de Tournes, 1554, in-8, mar-vert ant. tr. d. fil. (*Bauzonnet*).

On ne sera pas étonné que le plus illustre de nos relieurs ait consacré son talent si connu à l'embellissement de l'œuvre du célèbre imprimeur lyonnais.

Platine en françoys, très-utile et nécessaire pour le

corps humain... (A la fin) augmenté... par messire Desdier Christol... *et imprimé à Lyon,* par Françoys Fradin, près Nostre Dame de Confort, l'an mil cinq cens et cinq. In fol. goth. à 2 col. v. fauve, fil. tr. dor. *(Kœhler).*

On sait que pour les veaux fauves, Kœhler n'a pas de rival.

LES REMÈDES ET MÉDECINES très utilles et prouffitables por guarir tous chevaulx et bestes chevalines. Sans lieu ni date, in 4, goth. longues lignes, douze feuillets non chiffrés, d. rel. cuir de Russie, tête dorée.

Excessivement rare.

AD INVENIENDUM NOVAM LUNAM et Festa mobilia, liber perutilis, incipiendo ab anno Domini 1491, usque ad annum 1550. in-4. S. D. goth. mar. vert antique, filets, *non rogné (Duru)*

Traité précieux par son extrême rareté, curieux parce que le fer ne l'a pas touché.

EPHEMERIDES OCTAVÆ SPHERÆ auctore Ponto Tyardeo Bissiano. Lugduni, apud Joan. Tornoesium, 1562, in-fol. mar. citron.

Bel exemplaire aux armes de de Thou.

Ponthus de Thiard, évêque de Chalon-sur-Saône, et l'un des poètes composant la *Pléiade* de Ronsard, est né vers 1521, dans le Mâconnais ; il est presque regardé comme un compatriote par les Lyonnais.

METHODIUS PRIMUM OLYMPIADE, et postea Tyri civitatum episcopus... qui cum eruditus esset vir, multa addidit documenta et præsertim de mundi creatione in carcere revelata. Finit Basilee per Michaelem Furter, opera et vigilantia Sebastiani Brant, anno 1498, nonis januariis.

Livre extrêmement rare, attribué sans fondement à Méthodius, évêque et martyr du IVe siècle, et qui a été sans doute fabriqué vers le XVe siècle dans un temps où on avait un grand amour pour les prophéties qui faisaient espérer au monde inquiet un avenir meilleur que le présent.

Cet ouvrage est curieux surtout par les figures gravées sur bois dont il est illustré et qui se font tout autant remarquer par leur nombre que par leur singularité.

Speculum naturalis cœlestis et propheticæ visionis, omnium calamitatum.... quæ super omnes status, stirpes et nationes christiane reipublicæ... subjectæ sunt.

(Auct. Josepho Grunpeckh). In fine : impressum Nurnberge per me Georgium Stuchs civem Nurnbergen, anno MDVIII septimo kalendas novembris. In-fol. de 18 f. caract. romains. fig. (*Bauzonnet*).

Ouvrage bizarre, décoré de figures gravées sur bois d'une fantaisie incroyable. Extrêmement rare comme toutes les productions de ce visionnaire qui fut prêtre, astrologue, médecin et secrétaire de l'empereur Maximilien.

. La grande et vraye pronostication ou révélation que Dieu révéla au prophète Esdras, translatée de hebreu en françoys, par un astrologue nommé Samuel. *(Sans aucune indication)*. In-16 goth. de 4 feuill. mar. bl. *(Bauzonnet)*.

Cette petite curiosité a dû être imprimée à Lyon vers 1530. Rarissime, peu de publications de ce genre ayant échappé à la destruction.

Thesaurus Amicorum. Sans lieu, ni date, ni nom d'imprimeur, in-8 mar. vert, compt. et coins, tr. d. élégante reliure de Koehler, à l'imitation des reliures anciennes.

Ce volume, peut-être unique, contient les entourages variés et les encadrements du célèbre imprimeur Jean de Tournes, tirés in-8, sans aucun texte ; il est d'une superbe conservation et les épreuves sont de toute beauté. Il est à croire que de Tournes avait fait tirer quelques exemplaires de ces entourages pour en faire un de ces albums, si à la mode en Allemagne, sur lesquels on écrit une pensée ou des vers qui restent comme un souvenir. Nous pensons que c'est par une erreur profonde que Techener a dit que ce livre était ainsi dénommé parce que l'illustre imprimeur voulait le donner en cadeau à ses amis.

La grant danse macabre des hommes et femmes....

(A la fin) : Cy finist la danse macabre.... Imprimé à Lyon sur le Rosne par Claude Nourry, le dernier iour daoust mil cinq cens et ung. In fol. fig. sur bois de 32 feuillets non chiffrés, signé A jusqu'à G, par cahiers de six feuillets excepté E et G qui n'ont que quatre feuillets. — Maroquin vert, à la *Dusseuil*, doublé de mar. rouge, large dentelle composée. Superbe reliure de Koehler.

Magnifique exemplaire avec témoins. Vendu 520 fr.

Les simulachres et historiées faces de la mort, autant elegamment pourtraictes que artificiellement imaginées. A Lyon, soubs lescu de Coloigne, 1538, pet. in-4, mar. noir, tr. dor. à la janséniste (*Kœhler*).

Très-rare et très-bel exemplaire. On sait que l'*Ecu de Cologne* était l'enseigne de la célèbre maison de Treschel.

Solitaire second ou prose de la musique, (par Pontus de Thiard) Lion, J. de Tournes, 1555, in-4, de 160 p. plus une grande planche et 8 feuillets non chiffrés ; imprimé en lettres italiques, mar. rouge, doubl. fil. dor. s. tr. (*Kœhler*).

Traité sur la musique et qui n'est point la suite de *Solitaire premier*, du même auteur.

Octo principia... (A la fin) : Expliciunt octo principia grammatice : Lugduni impressa P. Petrum Mareschal et Barnabam Chaussard, sine anno, in-16, de quatre f. v. br. tr. d. (*Kœhler*).

Ce petit volume précieux et rare est tout à fait dans le genre des anciens *Donats* imprimés en Hollande dont il est une copie ; on peut le faire remonter aux premières années du xvi siècle.

Marci Tullii Ciceronis ad Herennium rhetoricorum novorum liber primus incipit. A la fin, quatre vers :

> Emendata manu sunt exemplaria docta
> Omni boni : quem dat utraque lingua patrum.
> Hæc eadem Jenson veneta Nicolaus in urbe
> Formavit : Mauro sub duce Christoforo.

Marci Tullii Ciceronis oratoris clarissimi rhetoricorum veterum MCCCCLXX. Liber ultimus feliciter explicit. ·

La première partie a 68 feuillets, la deuxième 70, en tout 138 feuillets, sans signatures ni réclames, in-fol. mar. lie de vin, plats encadrés, tr. d. (*Kœhler*).

C'est par erreur que M. Dibdin n'a compté que 137 feuillets. Exemplaire à grandes marges, avec lettres peintes et bordure au premier feuillet.

ORATORIÆ ARTIS EPITOMATA... oratoriæ institutiones : ex veterum instituto : per Jacobum Publicium : ad Cyrillum cæsarem faustissimum delectæ. (A la fin) : Erhardus Ratdolff augustensis, 1482, pridie calend. decembris impressit Venetiis. In-4, goth. à longues lignes, mar. vert à la Dusseuil, tr. dorée. (*Kœhler*).

Magnifique exemplaire d'un livre rare et curieux. Il se compose de 68 feuillets non chiffrés, divisés en deux parties. Première partie : 38 feuillets ; deuxième partie 30 feuillets. Figures curieuses.

M. Brunet se trompe en ne lui donnant que 66 feuillets.

Voir Leber, cat. t. 1ᵉʳ p. 191.

ORAISON ou epistre de M. Tulle Ciceron à Octave, depuis surnommé Auguste Cæsar, tournée en françois. Vers de Corneil Sévère, poëte romain, sur la mort de Ciceron. *On les vend à Lyon, en la rue Mercière, par Pierre de Tours.* 1542, in-8, goth. mar. rouge, fil. tr. dor. (*Bauzonnet*).

Ouvrage admirablement bien conservé ; pièce rarissime imprimée avec les caractères du *Lyon marchant.* Superbe reliure, digne de ce livre précieux.

HORATII OPERA OMNIA. Hoc opus Horatii impressum est opera et impensis Philippi Lavaguiæ, civis mediolanensis, anno a natali christian. MCCCCLXXII. Tertio kal. maii. In-fol. de 120 f. non chiffrés, sign. A. 1 P. 4, plus un feuillet à la fin contenant le registre. In-fol. mar. bleu, riches compartiments pleins, dorés ; doublé de mar. rouge, dent. tr. dorée (*Muller*).

Un des plus splendides volumes de la collection.

Mortilogus F. Conradi Reitterii nordlingensis prioris monasterii Cæsariensis. (A la fin): *Finit feliciter per Erhardum Onglin et Georgium Nadler Augusteen, IIII ydus februarii anno quingentesimo octavo*, in-4, fig. mar. violet, fil. tr. d. (*Kœhler*).

Splendide exemplaire d'un livre de la plus grande rareté. Le texte qui se compose d'odes et d'épitaphes, est des plus singuliers. La première ode est consacrée à la sainte Vierge et lui demande d'être préservé *de morbo gallico*. Les figures sur bois rappellent celles des fameuses Danses des morts.

La nef des folz du monde (à la fin) cy finist la nef des folz du monde. Premièrement composé en aleman par maistre Sebastian Brant, consecutivement daleman en latin, rédigée par maistre Jacques Locher. Revue par ledit Brant et de nouvel translatée de latin en francoys et *imprimee pour maistre Jehan* Philippes Man Stener et Geoffroy de Marnef, libraires de Paris, l'an de grace MCCCCXCVII. In-fol. goth. à deux col. fig. (en vers) mar. vert, fil. tr. dorée (*Kœhler*).

Exemplaire de la plus grande beauté.

Brandt. La nef des folz du monde, avec plusieurs satires et additions nouvellement ajouteez par le translateur. Cy finist la nef des fols. Imprimé à Lyon sur le Rosne par maistre Guillaume Balsarin, le XVII de novembre en lan de grace Mil.CCCC.XCIX. In-fol. goth. fig. de 82 feuillets, non compris le dernier feuillet de table, mar. (*Kœhler*)

Jurisprudentia a primo et divino sui ortu, ad nobilem Biturigum academiam deducta. *Luyduni, ad Sagitarii signum*, 1554 in-4. lettres italiques, fig. sur bois, mar. bleu, tr. dorées, très-riche reliure à compartiments, chef-d'œuvre de Kœhler.

Petit poème illustré d'admirables gravures sur bois. Ouvrage de toute rareté.

Cy commance le romant de la rose ou tout l'art d'amours

est enclose. (A la fin) *C'est la fin du romant de la rose ou tout lart damours est enclose.* In-fol. goth. à deux col. fig. sur bois. 149 feuillets sign. de A2 à TIII, 41 lignes à la page, un premier feuillet blanc avec une seule ligne de texte, mar. rouge avec plats encadrés, tr. dorée.

Précieuse édition, imprimée à Lyon par Guillaume Leroy, avec les mêmes caractères que le *Doctrinal de Sapience* ; elle passe pour la première de ce poème. (V. Brunet, t. II, p. 321). M. Brunet fait erreur en l'annonçant signée A3. C'est bien A2. C'est probablement cette même édition décrite chez La Vallière, N° 2743, annoncée avec titre et 150 feuillets. Ce bel exemplaire, de la plus belle conservation, a obtenu tous les soins de Kœhler.

Le Rommant de la rose. *Paris,* Pierre Vidoue pour Galliot Dupré. 1529, mar. rouge, plats et dos entièrement dorés à petits fers, tr. d.

(*Riche reliure de Bauzonnet*) vendu 400 fr.

Le Roman de la rose. Paris, Didot l'aîné, 1813, 4 vol. In-8, mar. rouge, doublé de mar. vert, à compartiments, (*Kœhler*)

Un des deux exemp'aires sur peau vélin avec dessins par Martin et par Auguste Flandrin. Vendu 1,000 fr.

C'est le romant de la rose
Moralisé cler et net
Translaté de rime en prose
Par votre humble Molinet.

(A la fin) cy finist le romant de la rose... *imprimé à Lyon lan mil cinq cent et trois par Guillaume Balzarin, libraire et imprimeur, demeurant en la rue Mercière près Saint-Antoine....* In-fol. goth. fig. sur bois, à deux col 153 feuillets chiffrés, compris le titre, mar puce, fil. tr. d. (*Kœhler*)

Au verso du dernier feuillet est la marque de l'imprimeur avec ces mots au-dessous :

Gloire soit à Dieu et prouffit es humains.

La dance des aveugles. (A la fin) cy finist la dance des

aveugles, imprimée à Lion. In-4 goth. de 44 feuillets, sign.
A P par cahiers de huit feuillets ; le dernier n'en a que
quatre ; cinq fig. sur bois, y compris le philosophe. Mar. vert
ant. large dentelle, petits fers, fil. tr. d. (Duru)

Reliure splendide, livre des plus rares. M. Brunet, dit Techener,
a commis une légère erreur en indiquant cette édition lyonna'se
comme ayant 25 lignes à la page ; il y en a tantôt 23, ou 24, tantôt
26 ou 27. Il indique aussi à tort la figure de l'aveugle au verso
du 1er feuillet ; c'est la figure du philosophe s'appuyant sur un bâton,
telle qu'elle est au livre des *Quatre Choses*.
Vendu 621 fr.

LES LUNETTES DES PRINCES composées par noble homme
Jehan Meschinot, escuier, en son vivant grant maistre dhos-
tel de la royne de France. (A la fin). Imprimé à Paris, par
Pierre le Carons demourant à la rue de Quiquanpois, à lan-
seigne de la Croix blanche. Petit in-4. goth. mar. vert, tr.
d. *(Bauzonnet)*

Admirable exemplaire d'une édition très-rare, antérieure à 1500.
La reliure est un chef-d'œuvre du plus célèbre de nos relieurs modernes, nous avons déjà nommé Bauzonnet.

LE CONGIE pris du siecle seculier. (A la fin) : Cy finist le
livre dist le Congie pris du siecle seculier. Imprimé à Vienne
par maistre Pierre Schenck. Deo gracias. In-4, goth. de 22
feuillets non chiffrés, y compris le titre, mar. vert, fil et
fleurons sur le plat. tr. d. *(riche reliure de Duru)*.

Splendide exemplaire, bijou typographique, parfait de tous points.
Cette édition, de la fin du xv° siècle, restée inconnue jusqu'ici et qui
fait le plus grand honneur aux presses dauphinoises, paraît être la
première de cet ouvrage dont l'auteur est Jacques de Bugnin, curé de
Vaulx, près Villefranche en Beaujolais.

Ce livre si rare est un recueil de *Maximes morales et chrétiennes*,
mises en vers et disposées par ordre alphabétique. Jacques de Bugnin,
sans être grand poète, ne manquait ni d'originalité dans la pensée, ni
d'une certaine facilité d'expression, qui donne beaucoup de charme
à cette composition naïve. Ce livre se recommande encore par

l'excellente morale qu'il renferme et que le temps ne saurait vieillir

L'auteur, natif de Lausanne, ou plutôt Lozanne en Lyonnais, est signalé par MM Breghot du Lut et Péricaud, dans leurs *Lyonnais dignes de mémoire*, mais ces messieurs ne connaissaient pas l'édition de M. Cailhava que Brunet cite le premier, d'après l'exemplaire de cet amateur vendu 180 fr. à la vente de 1845. — Voir Brunet, tome 2, page 225, à : *Congie.*

LA REMEMBRANCE du mauvais riche. Cy finist la remembrance du mauvais riche. (Sans aucune indication) in-4. goth. de 4 f. mar. lie de vin, tr. d. (Duru).

La lettre **L**, très-ornée, occupe toute la première page. Cette plaquette, si belle et si rare, a dû être imprimée à Lyon vers 1500.

Elle offrait un de ces mystères que Cailhava aimait à étudier et dont la solution l'eût comblé de joie.

LES SEPT PSEAULMES, en vers françoys. (A la fin): *Cy finist les sept pseaulmes en françois, imprimés à Vienne par maistre Pierre Schenck. Amen.* in-4. goth. de 24 feuillets ; sign. A — C. mar. vert antique, fil à froid, tr. d. janséniste (*Duru*),

Edition rarissime, inconnue ; le premier feuillet n'a qu'une ligne de titre

CY COMMENCE LOSPITAL DAMOURS. Explicit lospital damours, sans lieu ni date, in-4, 34 f. mar. citron, tr. d. (*Reliure anglaise.*)

On croit que ce bel exemplaire a été imprimé à Lyon, par P. Mareschal, vers 1500. Sa conservation est parfaite ; il est de toute beauté.

LE DOCTRINAL des bons serviteurs. *Cy finist le doctrinal des bons serviteurs, imprimé nouvellement à Lyon chez le grand-Jacques.* In-8, goth. 4 f. mar. vert antique, fil. tr. d. (*Bauzonnet*).

Si on l'a confié à notre célèbre relieur, c'est que ce livre le méritait. Magnifique exemplaire, avec témoins, d'une pièce de toute rareté.

LE DÉBAT DU VIN ET DE LEAUE (*sans lieu ni date)* pet. in-4, goth. 8 f. mar. vert antique, fil. à froid, tr. d. janséniste. (*Duru*).

Edition inconnue, non citée, sortie des presses lyonnaises à la fin du XVe siècle. Mêmes caractères que le livre des *Quatre Choses* ; admirable et délicieux exemplaire relié sur brochure.

LES DITZ et autoritez des sages philosophes (en vers) sans lieu ni date; in-4, goth. 8 f. mar. cramoisi, fil. à froids, tr. dorée, janséniste. (*Duru*).

Edition lyonnaise du XVe siècle, mêmes caractères que le livre des *Quatre Choses*, édition inconnue jusqu'ici.

LES SOUHAITS des hommes et des femmes (en vers) sans lieu ni date. In-4, goth. 10 f. mar. cramoisi, fil. à froid, tr. dorée, janséniste. (*Duru*.)

Edition lyonnaise du XVe siècle, inconnue jusqu'ici ; mêmes caractères que le livre des *Quatre Choses*.

LES DITZ DES BESTES. *(Sans lieu ni date)* in 4, goth. 4 f. mar. cramoisi, fil. à froid, tr. d. janséniste (*Duru*).

Edition lyonnaise du XVe siècle, non citée, et imprimée avec les caractères du livre des *Quatre Choses*.

LES DITZ JOYEUX DES OISEAULX. *Sans lieu ni date*. In-4. goth. 6 f. mar. cramoisi, fil. à froid, tr. dorée, janséniste. (*Duru*).

Charmante édition lyonnaise du XVe siècle, inconnue aux maîtres, non citée par les écrivains. Mêmes caractères que le livre des *Quatre Choses*.

SENSUYT LE PATER ET AVE des solliciteurs de proces surnommez bateurs de pave de crédit souvent repulsez (par Eustorg de Beaulieu). sans lieu ni date. In-8, goth. 4 f. mar. vert, fil. tr. d. (*Bauzonnet*).

Pièce aussi curieuse que rare; c'est une paraphrase bizarre du *Pater* et de l'*Ave Maria*, à l'usage des pauvres plaideurs.

LES REGRETS ET PEINES des mal advisez, faictz et composez par Dadonville, *et nouvellement imprimées à Paris. Ce sera que sera*, (et à la fin): *Cy finissent les regretz et peines des mal advisez.* In-8, goth. (en vers) 20 f . mar. vert russe, fil. tr. d. (*Bauzonnet*).

Livre rarissime, exemplaire délicieux, reliure hors ligne, digne de ce précieux volume, vendu 276 fr.

LA GRANDE ET MERVEILLEUSE PRINSE que les Bretons ont faicte sur mer depuis troys semaines en ça avecques *unes lettres missives (sic)* envoyées à sa Dame en se mocquant d'elle, et aussi la responce de la dicte dame. In-16, goth, 4 f. Au verso du dernier, fig. sur bois, mar. noir, tr. dor. janséniste. (*Bauzonnet*).

Petite curiosité, rarissime, qu'on eût pu placer aussi bien à *Facéties* qu'à *Poésies*, les deux lettres burlesques et bizarres qui la composent n'étant qu'une suite de *Coq à l'âne* et de bouffonneries de haut goût. C'est peut-être le plus ancien échantillon que nous possédions en français de ce genre burlesque et gaulois.

LESPERON DE DISCIPLINE pour inciter les humains aux bones lettres, stimuler à doctrine, animer à science, inviter à toutes bonnes œuvres... lourdement forgé et rudement limé par noble homme fraire Antoine du Saix, commandeur de Saint-Antoine de Bourg-en-Bresse, 1532, pet. in-4, goth. deux parties contenant 226 feuillets non chiffrés, dont 14 feuillets liminaires, 208 feuillets pour la première partie, et 204 pour la seconde. Chaque page est entourée d'une bordure gravée sur bois, par Geofroy Tory. Sur le titre de chaque partie est un fleuron gravé de même, portant le mot *Fert* partagé par un écusson. Mar. vert à comp. imitant une reliure ancienne, doublé de mar. rouge, large dentelle, à petits fers, très-belle reliure. (*Kœhler*).

Exemplaire IMPRIMÉ SUR VÉLIN, réservé pour la bibliothèque de l'auteur dont le nom se voit ciselé sur la tranche : *Fraire Antoine du Saix*. L'un des plus précieux volumes de cette célèbre bibliothèque.

Voici ce qu'en dit un bibliophile dont le nom fait autorité : « Indiquons, n° 1786, dans la vente Yemeniz, l'*Esperon de discipline*, du bressan Anthoine du Saix, dont le nom est ciselé à la tranche. In-4, goth. 1532, payé 2,160 francs à la vente Cailhava, revendu 6,000 francs à la vente Yemeniz. » Raoul de Cazenove. *Notes sur deux bibliophiles Lyonnais.* Lyon, Vingtrinier, 1867, in-8.

LES ŒUVRES de Clément Marot, valet de chambre du Roy. *On les vend à Lyon, chez Gryphius.* S. D. pet. in-8, goth. de 90, 96, 32 et 26 f. chiffrés au recto, vélin blanc, tr. dor. (*Bauzonnet*).

On sait le soin que notre éminent imprimeur lyonnais apportait à la correction des livres sortis de ses presses. La présente édition, belle et rare, mérite une attention particulière de la part de ceux qui aiment les textes purs et châtiés.

DEUX SATYRES, l'une du pape, l'autre de la papauté, (en vers) par Joachim de Coignac, *sans nom de ville ni d'imprimeur,* 1551, pet. in-12, de 24 pages, mar. rouge, fil. tr. d. (*Bauzonnet*).

Cette plaquette est tellement rare qu'elle n'est signalée nulle part, pas même dans Brunet qui indique un autre livre de cet auteur.

MICROCOSME (*poème*) a Lion, par Jan de Tournes, 1562, in-4, mar. rouge, fil. tr. d. (*Kœhler*).

Superbe exemplaire d'une édition que Techener n'avait jamais vu passer dans les ventes.

L'AMALTHÉE de Marc-Claude de Buttet, gentilhomme savoisien. A Lyon, par Benoist Rigaud, 1575, in-8, mar. bleu, fil. tr. doré. (*Kœhler*).

Ouvrage d'une excessive rareté.

SENTENCES SPIRITUELLES recueillies des Œuvres de saint Augustin, par Prosper Aquitain, evesque de Riez et par luy mises en vers latins. Réduites en quatrins françois par Thomas Jardin, vicaire de Beaujeu, avec autres sentences extraites des œuvres de S. Hyrénée, martyr, archevesque de Lion... etc. A Lyon, par Benoist Rigaud, 1584, pet. in-8, de 67 pages, mar. vert. fil. tr. d.

Charmant bijou typographique, admirable exemplaire d'une édition rarissime, inconnue des bibliophiles, comme de Brunet. Techener n'avait jamais rencontré que l'exemplaire Cailhava.

DESTRUCTORIUM vitiorum ex similitudinum creaturarum exemplorum appropriatione, per modum dyalogi. (A la fin) impressum Lugd. per Claudium Nourri, anno Domini MCCCCCIX, die XI mensis junii. In-4, goth. mar. vert, antique, fil. tr. d. (*Bauzonnet*).

Magnifique exemplaire d'une édition inconnue. 68 feuillets chiffrés à longues lignes, signés A-R, par cahiers de quatre feuillets, majuscules ornées ; fig. sur bois des plus curieuses à chaque page.

MELIADUS DE LEONNOYS, Paris, Denys Janot, 1532, in-fol. goth. à 2 col. mar. vert antique, dos et plats à la Dusseuil, doublé de mar. rouge, mors de m. dessin antique à compart. de fleurons et petits fers. (*Admirable reliure de Bauzonnet.*)

Superbe ex. avec la signature de Guyon de Sardière.

ARTUS DE BRETAIGNE... *On les vend à Lyon sur le Rosne aupres Nostre Dame de Confort, chez Olivier Arnoullet,* (à la fin) : Cy finist le livre du vaillant chevalier Artus, fils du duc de Bretaigne, imprimé nouvellement à Lyon, par Olivier Arnoullet, le xx de octobre mille CCCCCLVI. in-4, goth. à longues lignes, mar. vert, fil. tr. d. doublé de mar. rouge, avec ornements moyen âge composés.

Splendide reliure de *Bauzonnet.* Vendu 401 francs.

PARIS ET LA BELLE VIENNE, (à la fin) : cy finist lhystoire du très vaillant chevalier Paris et de la belle Vienne, fille du Dauphin de Viennoys, lesquels pour loyaulment aymer souffrirent moult dadversitez avant qu'ils puissent iouyr de leurs amours. Imprimé à Lyon, par Jacques Moderne dict Grand Jacques, pres Nostre-Dame de Confort. Pet. in-4, goth. fig. dans le texte, mar. cramoisi, doublé de mar. bleu, large dentelle. fil. tr. d. (*Duru*).

Magnifique exemplaire.

Histoire du Chevalier Paris et de la belle Vienne. Lyon. Louis Perrin, 1835, in-8, pap. vélin, *tiré en caractères or feu*, exemplaire unique, mar. brun, bord. et coins sur le plat, fil. riche, rel. (*Bauzonnet*).

Valentin et orson. Lyon, Jacques Maillet, 1489, in-fol. mar. bleu (*Bauzonnet*).

Superbe exemplaire de cette rarissime édition dont Brunet parle ainsi :

« Edition excessivement rare. Le premier feuillet porte au recto les trois mots du titre ci dessus et, au verso, une grande planche en bois. Les trois feuillets suivants la table ; le texte commence au 5e feuillet par ce sommaire : *Coment le roy Pepin espousa Berte dame de grant renomée.* A la fin : cy-finist l'histoire des deux vaillans chevaliers, Valentin et Orson, filz de l'empereur de Grece ; in-fol., goth. de 136 f., non chiffrés, à 2 col. de 38 lignes, signat. a. r., fig. sur bois. »
Le présent exemplaire a été vendu 591 francs.

La vie inestimable du grand Gargantua, père de Pantagruel, jadis composée par l'abstracteur de quinte essence, livre plein de pantagruelisme, MDXXXVII. On les vend à Lyon, chez François Juste, devant Notre-Dame de Confort; pet. in-16, goth., mar. vert. larges dentelles, doublé de mar. rouge, dent. tr. dorée, magnifique reliure. (*Kœhler*).

Le Imagini con tutti i riversi trovati et (*sic*) le vite de gli imperatori tratte dalle medaglie et dalle historie de gli antichi. *Parma.* Enea Vico, l'anno MDLVIII. Fig. d'Enea Vico, in-4°, mar., tr. d.

Exemplaire de Grolier, avec admirable et riche reliure à compartiments et arabesques, la devise et le nom.
Exemplaire superbe et de la meilleure conservation. Vendu 500 fr.

Exil de Mardygras, ou arrest donné en la cour de Riflasorets establie en la royalle ville de Saladois, par lequel nonobstant la garantie des épicuriens et achiesmates, oppositions des esleuz de la frelanderie, malades, pauvres, artisans,

amoureux, dames, gueux et le fermier de la boucherie de
Carême, Mardygras, avec tous ses supposts, est banny du res-
sort et empire de ladite cour pour le temps et espace de
quarante et un jours. A Lyon, par les supposts de Carême,
1603. Petit in-8 de 32 pages, v. b. fil., tr. d.

Cette facétie, tout à fait inconnue, doit être, d'après M. Techener,
d'origine lyonnaise, comme le *Formulaire récréatif* de Benoist du
Troncy. Cet *Exil*, inconnu à MM. Péricaud, Breghot, Monfalcon, est
une parodie joyeuse des arrêts judiciaires, comme le *Formulaire* était
la parodie des *Actes des Notaires*. Tout cela se ressemble fort par la
forme. Quant au fond, c'est le même esprit, la même jovialité bouffonne, qui fait le prix et l'agrément d'une foule de petites compositions
de cette époque. Peu d'amateurs ont connu cet étonnant petit volume,
dont les trente-deux pages se sont vendues 229 francs.

Si le *Roman de la rose* tient le premier rang parmi les
poésies naïves qui amusèrent nos aïeux et donnèrent l'é-
veil à notre littérature française ; si l'*Astrée* passionna
tous les beaux esprits et les cœurs tendres, et resta longtemps comme un modèle envié, l'*Evangile des quenouilles*
fut pendant tout le moyen-âge en France, comme le *Déca-
méron*, en Italie, le type des récits grivois, le cadre desti-
né à contenir toutes les folies enfantées par l'imagination
des conteurs. Une société de joyeuses commères, réunies
en l'absence de leurs maris, passent la soirée en filant et
en disant, chacune à son tour, l'histoire la plus leste et
la plus salée.

Ces récits, qui nous révoltent aujourd'hui, étaient très
bien supportés par nos aïeux. L'Arioste et Boccace en sont
la preuve. La Fontaine lui-même, dont nous trouvons les
grivoiseries trop peu vêtues, était lu par les dames et les
grands seigneurs de Versailles, dont le langage et les
propos n'avaient pas la retenue et la réserve de la société
moderne ; et aujourd'hui même, une conversation ita-

lienne ne choque-t-elle pas autant nos oreilles françaises que certains propos, que nous trouvons des plus innocents, scandalisent et révoltent les chastes oreilles de la pudibonde Angleterre et de la vertueuse Amérique ?.

L'exemplaire de l'*Evangile des quenouilles* que possédait Cailhava, avait une histoire qu'il aimait à raconter et vraiment cette histoire ne donnait pas peu de prix à l'ouvrage.

Un jour, un bon curé de village, invité à dîner dans un château du Beaujolais, aperçut, en visitant la bibliothèque avec son hôte et d'autres convives, un mince volume très-ancien dont le titre presque illisible rappelait, qu'au moyen âge, nos pères ne reculaient pas toujours devant un conte léger ou une page décolletée. Le châtelain prend le volume et l'offrant au vénérable pasteur : — Je vous le donne, M. le curé, lui dit-il, à une condition, c'est que vous ne le détruirez, ni ferez détruire.

Le vieux prêtre rougit et, aux éclats de rire des convives, mit le livre dans sa poche.

— Je vous le promets, dit-il, je ne le détruirai ni ne le ferai détruire, l'essentiel est que je ne le lise pas, ni ne le fasse lire aux autres.

— De ce côté-là, vous avez toute liberté.

On s'amusa beaucoup de ce cadeau et le bon curé dut, toute la soirée, répondre aux plaisanteries qui lui furent adressées.

Cependant, le pauvre livre, quoique imprimé en caractères gothiques, et par conséquent à l'abri de la plupart des regards curieux, ne pouvait rester au presbytère. Quelle mine eût-il faite entre saint Jérôme et saint Augustin ? et quel scandale si, tôt ou tard, on l'eût trouvé sur les humbles tablettes du curé ! Pourtant, le nouveau propriétaire ne pouvait ni le détruire ni le faire détruire, une idée lui vint.

A son premier voyage à Lyon, M. le curé se présenta chez M. Cailhava. Le connaissait-il ? nous l'ignorons . A peine assis, M. le curé tira son livre de sa poche :

— Je sais, dit-il, quel respect on doit aux trésors bibliographiques. Vous avez, Monsieur, une bibliothèque précieuse ; voici un livre qu'on m'a donné avec certaines clauses qui devaient me mettre dans l'embarras. Permettez-moi de vous l'offrir . Entre vos mains, je suis sûr qu'il ne sera pas détruit. Chez d'autres, ce serait une grivoiserie ; chez vous, ce sera une curiosité, une rareté, à côté de tant d'autres qu'on admire, mais qu'on ne lit pas.

Cailhava saisit le trésor.

— M. le curé, jamais on ne m'a fait autant de plaisir, s'écria-t-il, et je vous ferai voir quel prix j'y attache, par le petit cadeau que je vous prie de vouloir bien accepter à votre tour.

Deux jours après, monsieur le curé recevait par l'omnibus une collection des Pères de l'Eglise qui furent salués avec enthousiasme.

— Jamais je n'ai fait meilleur marché, disait le bon curé.

— Ma foi, j'ai eu de la chance, disait à part lui Cailhava. Voici un volume introuvable que j'ai payé ce que j'ai voulu et encore ai-je fait un heureux.

Ainsi les deux négociateurs étaient contents. L'un avait montré de la prudence, tout en tenant sa parole ; l'autre n'était pas sorti de son caractère en laissant agir sa générosité.

LE LIVRE DES CONNOILLES. (A la fin) : Cy finissent les evangiles des Connoilles, lesquelles traictent de plusieurs choses ioyeuses. Sans nom de ville ni d'imprimeur, mais sortant certainement des presses lyonnaises ; sans date. Pet. in-4, goth. de 38 feuillets non chiffrés, de 25 lignes à la page pleine, sign. *a-eiij*. mar. v. tr. d.. doublé de mar. rouge. (*Duru*).

Bel exemplaire d'une de ces facéties auxquelles les bibliophiles font la chasse avec tant d'ardeur. Techener s'extasie sur ce trésor, un des plus précieux de la bibliothèque Cailhava. C'est un de ces livres qui ont tout : rareté, élégance, gaieté gauloise et mordante ; il n'est pas de chef-d'œuvre qui vaille ces curiosités.

« Cette édition, dit-il, doit être l'une des premières de ce livre précieux et que je ne trouve indiquée nulle part, les diverses éditions citées par M. Brunet étant certainement toutes différentes de celle-ci. Il serait donc superflu d'insister sur sa rareté, qui n'a pas besoin d'être démontrée. Elle paraît bien être le produit des presses lyonnaises. L'exemplaire est dans un parfait état de conservation intérieure ; son extérieur, grâce aux soins d'un relieur plein de goût, et rempli d'habileté, ne laisse rien à désirer du côté de l'élégance.

« Cet *Evangile des Connoilles*, le plus ancien peut-être de tous nos livres facétieux, est, sans contredit, une des productions les plus anciennes et des plus piquantes de ce vieil esprit français qui savait si bien alors, comme il fait encore quelquefois aujourd'hui, allier toutes les apparences de la naïveté et de la bonhomie à la finesse la plus spirituelle et la plus malicieuse. A ce titre, ce livret, célèbre surtout par son excessive rareté, mérite encore d'être recherché, d'être étudié comme un monument précieux de l'histoire des mœurs de l'époque à laquelle il a été composé. »

On voit avec quel lyrisme Techener parle de ce volume hors ligne et avec quel soin il en chauffe la vente. A cette description séduisante, les bibliophiles européens ont dû tressaillir. Vendu 650 francs.

Et pourquoi, dans cette immensité de livres précieux, avons-nous choisi ceux que nous avons cités ? nous ne savons. Nous avons pris un peu au hasard, imitant en cela, dans son ignorance et sa convoitise embarrassée, Aladin en présense des richesses de la Caverne merveilleuse. Ce malheureux, pressé par le temps, saisissait d'ici de là des poignées de diamants, de perles, de saphirs, de rubis, d'émeraudes ; rejetant ceux-ci pour reprendre ceux-là, remplissant ses poches profondes, sa ceinture, son turban et jetant des regards d'indicibles regrets sur les trésors qu'il ne pouvait emporter. Ainsi avons-nous fait, en gémissant de ne pouvoir signaler tous les trésors de la collection Cailhava, et en citant ce qui brillait le plus sans savoir si c'était le meilleur.

Ainsi nulle indication de ces livres modernes tirés à un exemplaire sur vélin, pour Cailhava, de ceux annotés par des hommes plus ou moins célèbres, de ceux plus anciens ayant appartenu à des princes ou à des rois, de ceux de toutes les époques portant des chiffres ou des armoiries, les réimpressions à petit nombre, les premières éditions introuvables, les splendides éditions sur papier teinté, ou à marges particulières, toutes ces particularités, en un mot, qui passionnent les amateurs.

Mais il n'est pas de bonheur éternel ; la jeunesse ne dure qu'un jour, et la fortune, quand on ne compte pas, est bien vite dissipée.

La vie de grand seigneur est coûteuse ; les entreprises théâtrales avaient mal réussi ; un moment vint où, en présence du livre de compte, il fallut s'arrêter. M. Cailhava se vit condamné à des réformes et, pour commencer, il se défit de ses livres bien-aimés.

En 1845, il s'entendit avec Techener, le savant et surtout habile libraire, qui fit venir la bibliothèque à Paris, dressa un catalogue et, le 21 octobre, offrit la rarissime collection aux caprices du marteau des Commissaires priseurs.

Chaque coup dut retentir dans le cœur de l'infortuné

bibliophile. Ces livres, sa joie, si patiemment réunis, si habilement choisis, si heureusement groupés, dont l'ensemble faisait une des gloires et une des curiosités de la ville de Lyon, allaient être emportés aux quatre points de l'horizon. Les riches Anglais, les savants Allemands, les Parisiens si curieux de tout ce qui est beau, étaient groupés attentifs, dans la salle et misaient suivant leur caprice ou leur goût. Mais le moment était difficile ; il y avait des inquiétudes dans les esprits ; peut-être le moment où les familles riches sont encore à la campagne n'était-il pas heureusement choisi. Quoi qu'il en soit, si plusieurs livres atteignirent un prix élevé, un trop grand nombre ne montèrent pas à leur valeur ; et Cailhava ne reçut pas une somme capable d'adoucir l'amertume de son sacrifice.

Cette somme pourvut au plus pressé ; puis la passion reprit le dessus ; d'autres économies furent essayées et Cailhava se remit, peu à peu, et sans avoir l'intention de dépenser beaucoup, à reconstituer une autre collection. Ici c'était un livre qui lui avait toujours échappé, là une occasion rare de bon marché. Peu à peu, les rayons se garnirent de nouveau, et sans atteindre l'éclat de la première, une seconde bibliothèque fut formée digne de la réputation et du goût de celui qui la créait. C'était la consolation de son âge mûr, sa distraction au milieu des préoccupations et des soucis qui recommençaient à l'assaillir. La raison lui disait de s'arrêter ; l'amour des livres l'entraînait toujours, heureux encore si la bibliographie eût été le seul entraînement de sa vie.

En 1852, il fit le projet, avec M. Monfalcon, de donner une nouvelle édition des œuvres de Louise Labé, notre illustre et célèbre belle Cordière. Attacher son nom à celui de l'aimable poëte, une des gloires de notre cité, a toujours vivement tenté les imprimeurs lyonnais. Jean de Tournes en a donné une première édition en 1555 et deux autres en 1556, différentes entre elles de pagination et de format. On en sait le prix.

La même année, un imprimeur de Rouen, Jan Garou, en publia une quatrième édition ; en 1762, les frères Duplain, de Lyon, une cinquième; en 1815, Michel, à Brest, une sixième, tirée à 140 exemplaires seulement ; en 1824, MM. Durand et Louis Perrin en firent paraître une septième édition, sous la surveillance de M. Breghot du Lut qui y ajouta des notes et un glossaire ; enfin, en 1845, Léon Boitel, dans toute l'ardeur de son zèle et tout l'éclat de sa réputation, en avait donné une édition splendide, in-12, tirée à 200 exemplaires et qu'on peut mettre à côté des plus beaux ouvrages de Lyon et de Paris. Mais M. Monfalcon possédait des bois admirablement gravés par Bernard Salomon, dit Le Petit-Bernard, sur les dessins de Jean de Tournes, et il espérait faire une édition qui éclipserait toutes les précédentes ; il s'agissait simplement de choisir un imprimeur.

Or, en ce temps là, le directeur actuel de la *Revue du Lyonnais* venait d'acheter l'imprimerie si élégante et si connue de Boitel et, dès les premiers jours de sa prise de possession, M. Monfalcon lui avait confié la réimpression de la *Table de Claude*, grand in-folio. Cette impression avait si bien satisfait l'historien de Lyon, qu'il voulut confier aux mêmes presses le futur chef-d'œuvre; l'imprimeur fut mandé ; un caractère n° 6, élégant et fin, trié entre plusieurs, fut acheté à la *Fonderie Générale*, une des premières maisons de Paris et l'impression commença.

Le papier était magnifique, l'encre superbe, l'ouvrier,

de l'avis même de M. Louis Perrin qui l'enviait à son rival, un des meilleurs de Lyon. Une feuille fut tirée et le résultat comblait toutes les espérances : mais la seconde était à peine composée, que M. Cailhava revint de voyage. Par son influence, l'impression fut interrompue, les bois de Jean de Tournes redemandés, et tous les frais payés, la feuille fut mise au pilon. La copie, envoyée à Paris, fut dès lors confiée aux soins de M. Simon Raçon, dont les presses plus connues en firent un des plus jolis bijoux typographiques qu'il soit possible de rêver.

L'édition Cailhava-Monfalcon, parue en 1853, fut tirée à cent vingt exemplaires numérotés. Le nº 1 qui appartient à la ville de Lyon, porte cette annotation de la main de M. Monfalcon :

« Je m'étais proposé de faire imprimer chez M. Perrin et dans ces encadrements, mon édition de Louise Labé, mais l'espace laissé libre par les bois sculptés pour les textes se trouva trop resserré et il fallut m'adresser, pour cette fois, à M. Simon Raçon, à Paris, qui mettait à mon service ses caractères microscopiques très-convenables.

« M. Raçon a tiré de cette édition deux exemplaires sur vélin ; l'un est entré dans la belle bibliothèque de M. Emile Gautier, à Nantes ; l'autre a été acquis par le duc d'Aumale au prix de 1,200 francs. Ce second exemplaire vélin est orné de quatre titres en or et en couleurs peints par M. Martin-Daussigny. Il y a, à la fin du volume, une annotation de ma main en quatre pages. »

MONFALCON
Bibliothécaire de la ville de Lyon.

Pourquoi M. Monfalcon substitua-t-il ainsi, dans cette note, le nom de M. Louis Perrin à celui de M. Vingtrinier ?

Pourquoi donna-t-il pour raison que le caractère de M. Vingtrinier était trop fort, puisqu'il était de la même grosseur que celui de M. Raçon, et choisi d'avance par M. Monfalcon lui-même? c'est ce que aucun des deux éditeurs n'a expliqué.

La page en regard du frontispice porte cette indication :

CETTE ÉDITION

A ÉTÉ PUBLIÉE PAR LES SOINS

DE L. CAILHAVA ET DE J. B. MONFALCON

BIBLIOPHILES

ELLE A ÉTÉ TIRÉE A CENT VINGT EXEMPLAIRES NUMÉROTÉS

A LA PRESSE

PLUS DEUX EXEMPLAIRES SUR PEAU VÉLIN.

Nous répétons, en bibliophile et non en jaloux, que cette édition est une des plus belles œuvres que l'art typographique moderne ait produites; un exemplaire nous en fut offert par M. Cailhava et il fut longtemps le plus précieux volume de nos collections.

Mais que faire désormais du joli caractère venu de Paris? Nous voulûmes l'utiliser en publiant douze plaquettes aussi élégantes que possible, contenant la vie de douze peintres ou artistes célèbres lyonnais. Nos amis nous y engageaient, notre goût nous y poussait; en 1854, parut, sous le titre de *Biographie des artistes Lyonnais*, une petite brochure portant le nº 1 et contenant une *Notice sur Fleury Epinat*, par Aimé Vingtrinier, in-12, tirée à 500, prix 1 franc.

On en vendit deux.

L'année suivante, parut le nº 11, *Hippolyte Leymarie*, par Léon Boitel, 1855, in-12, tiré à 300 ; même prix.

On en vendit trois.

Quelques mois après. nous fîmes paraître le n° III, *Philibert de Lorme*, par J. S. Passeron, 1856, tiré à 100.

On en vendit quatre ou cinq et nous jugeâmes prudent d'en rester là.

Il est vrai que beaucoup d'amateurs nous ont témoigné le regret de nous voir arrêté en si beau chemin et que, dans les ventes, les brochures, si dédaignées alors, atteignent en ce moment le prix fabuleux de trois ou quatre francs, mais l'expérience était faite, l'ambition était éteinte, le feu sacré n'y était plus et nous laissâmes aux jeunes la futile vanité de mettre du luxe et de l'élégance à des travaux que les auteurs ou le public ne veulent jamais ensuite rémunérer à leur valeur.

Nous savions, et qui ne le sait? mais nous le rappelons, que le célèbre et malheureux Henri Estienne est mort à Lyon, à l'Hôtel-Dieu ; et que le talent et l'immense savoir d'Antoine Gryphe, une des gloires de l'imprimerie lyonnaise, n'ont pas empêché d'impitoyables créanciers de poursuivre avec acharnement et de retenir en prison pendant sept années cet helléniste, cet érudit, ce brillant éditeur dont les travaux hors ligne, les admirables éditions, les publications savantes avaient compromis la fortune. Pour ces hommes si grands, les hommes d'argent furent sans merci, et c'est en pensant à leur sort douloureux que les Typographes lyonnais, à la fête de bienfaisance du mois d'avril 1867, avaient écrit sur un des drapeaux du Char de la Typographie ces vers, qui rappelaient aux amants passionnés du beau, artistes, poètes ou imprimeurs, que c'est plus haut que l'aisance et la richesse qu'ils doivent attacher leurs yeux :

> Une loi frappe le génie,
> Qu'il soit Dante, Job ou Tobie,
> Gutemberg ou Guillaume Tell,
> Qu'il soit d'Ecosse ou d'Ionie,
> Il vit pauvre et meurt immortel.

Pauvre Estienne, immortel Gryphe, combien vous avez dû penser à cette postérité vengeresse, quand votre cœur saignait si cruellement !

Mais, en réalité, la gloire d'outre-tombe vaut-elle qu'on lui sacrifie la tranquillité et le bien-être de la vie ?

On nous permettra d'en douter.

Ce ne fut point cependant l'impression de la Louise Labé qui donna le dernier coup à la position de Cailhava ; nous l'avons dit, ce n'était pas sa bibliothèque, ce n'étaient pas les belles éditions qui le ruinaient. La gêne reparut plus vive et plus pressante et, encore une fois, il fallut confier les précieux volumes à la table des commissaires-priseurs. Ce fut M. Techener qui, de nouveau, fut chargé de la fatale exécution, mais le libraire parisien était trop habile pour ne pas faire une lucrative affaire de la déroute de Cailhava. Aux richesses bibliographiques de l'amateur lyonnais, Techener ajouta quelques livres de son magasin et le nom de notre compatriote était si connu, son tact et sa chance étaient si appréciés que, sans acception d'origine et de provenance, tous les ouvrages portés sur le catalogue prirent aussitôt une importante valeur et furent enlevés à des prix qu'on serait tenté de croire exagérés.

Qui voudrait connaître cette seconde bibliothèque de Cailhava ne devrait donc consulter le catalogue de 1862 qu'avec prudence. Nous croyons pouvoir citer comme ayant appartenu à notre compatriote, les précieux ouvrages suivants :

PSALMES DU ROYAL PROPHETE DAVID, fidèlement traduits de latin en françoys (par Etienne Dolet) Chés Estienne Dolet, *à Lyon*, 1542. In-16, lettres rondes, mar. brun, tr. dor. (*Trautz-Bauzonnet.*)

Joli exemplaire, 90 francs.

RETRATOS O TABLAS de las historias del Testamento viejo, hechas y dibuxadas por un muy primo y sotil artifice. *En Lion de Francia,* so el escudo de Colonia. (Excudebat Joan. Frellonius), 1549, in-4, mar. brun, fil. comp., tr. d. (*Jolie reliure de Niedrée.*)

Superbe exemplaire d'une rare et précieuse édition du recueil des figures de Holbein, avec texte espagnol, 280 francs.

HISTORIARUM MEMORABILIUM ex Genesi descriptio, per Gulielmum Paradinum. *Lugduni*, apud *Joan.* Tornæsium, 1558... etc., pet. in-8, mar. brun, à comp., dorure, mosaïque. (*Duru.*)

Bel exemplaire. Chaque page est ornée d'une figure; cette suite remarquable de gravures sur bois est du Petit Bernard ; 192 fr.

FIGURES DE LA BIBLE déclarées par stances, par G. C. T. (Gabriel Chapuis, Tourangeau), *Lyon*, par Estienne Michel, 1582, in-8, mar. brun, fil. comp., tr. dor. (*Duru.*)

Ces figures d'une beauté exceptionnelle, sont l'œuvre de Bernard Salomon, dit le Petit Bernard, 225 francs.

S. AUR. AUGUSTINI, de Civitate Dei. (*A la fin*) : Aurelii Augustini doctoris egregii atque episcopi Ypponensis de Civitate Dei liber vigesimus secundus explicit contra paganos, sub anno a nativitate Domini M. CCCC. LXVII (1467) gr. in-fol., goth., cuir de Russie.

Première édition, précieuse et fort rare. Elle a été exécutée avec les mêmes caractères que le *Lactance,* imprimé dans le monastère de

Subiaco, en 1465, et qui est le premier ouvrage imprimé en Italie avec date, 450 francs.

S. Augustinus. De veræ vitæ cognitione libellus. In-4, cuir de Russie, fil., tr. d.

Admirable volume, d'une parfaite conservation et qui porte l'écusson de Fust et de Schœffer; il a été probablement imprimé vers 1460.

Santi Augustini confessionum libri XIII. In-fol., 143 f. goth., cuir de Russie, fil., tr. dor.

Editio princeps, imprimée vers l'année 1468, par Jean Mettelin, premier et célèbre imprimeur de Strasbourg. Très-rare, 190 francs.

Brief et utile Discours sur l'immodestie et superfluité d'habits, par M. H. D. C. P. A. L. (Hiérosme de Chastillon, président à Lyon). Lyon, Ant. Gryphius, 1577, in-4, veau fauve, fil., tr. dor. (*Bauzonnet*.)

Très-bel exemplaire d'un livre aussi rare que curieux. La dédicace à Dame Léonor Robertet, femme de François de Mandelot, gouverneur de Lyon, est en caractères de civilité. Le Discours sur la superfluité des habits est suivi des *Oraisons prises de Tite-Live*, pour et contre la loi Oppienne, dont la rigueur somptuaire avait provoqué l'insurrection des dames romaines. Plus un édit du mois de juillet 1576, par lequel Henri III ordonne la stricte exécution de l'ordonnance rendue par Henri II, en 1549, qui règle le costume des hommes et des femmes, selon leur classe et leur rang.

De Imitatione Christi., impress. in civitate metensi per fratrem Joh. Colini, ord. frat. carmelitar. et Gerhardum de nova civitate, 1482. Pet. in-4, mar, brun, tr. dor., janséniste, (*Duru*.)

Magnifique exemplaire d'une édition des plus rares, et le premier livre publié à Metz, avec une date.

Ce beau volume est un des plus précieux de tous les incunables imprimés dans les provinces de France. 380 francs.

Bonifacius Papa VIII. Liber sextus Decretalium. Mogun. tiæ, per Petrum Schoyffer, anno 1470, die 17 aprilis. In-fol de 137 f. mar. br., fers à froid.

·Admirable monument des premiers essais de l'imprimerie. — Livre précieux par sa date et son origine. Techener s'extasie devant ce superbe exemplaire, imprimé sur vélin, élégamment rubriqué et orné de nombreuses lettres initiales, peintes en couleur, par un de ces habiles artistes, qui avaient un si grand génie et dont on ignore les noms, 1,260 francs.

PLATONIS OPERA. *Lugduni*, apud J. Tornæsium, 1550, 5 vol. in-16, mar. vert, fil. comp., tr. dor.

Un de ces chefs d'œuvre d'impression qui ont fait la gloire de Jean de Tournes. Edition rare, exemplaire charmant, avec une reliure du xvi⁰ siècle, dans le style de Grolier. Conservation parfaite. On sait combien il est peu commun de trouver un ouvrage en plusieurs volumes revêtu d'une aussi belle reliure du xvi⁰ siècle, 480 francs.

LES ESSAIS DE MICHEL DE MONTAIGNE. *Paris*, Abel l'Angelier, 1595, in-fol., maroq. vert russe, tr. dor. (*Duru.*)

Edition publiée par Mˡˡᵉ de Gournay, 575 francs.

DIETTERLIN. Architectura. Nurnberg, 1598, in-fol., mar. rouge, fil. comp., tr. dor. (*Hardy.*)

Bel exemplaire d'un ouvrage important, 445 francs.

DICTIONNAIRE DES GRAVEURS anciens et modernes, par Basan, père et fils, *Paris*, 1809, quatre vol. in-4, dos et coins mar., tête dorée.

Enrichi de 317 estampes, 600 francs.

ILLUSTRIUM YMAGINES. (Emendatum correctumque opus per And. Fluvium). Impressum *Lugduni*, in ædibus Ant. Blanchardi; impensis Joh. Monsnier, et F. Juste, 1524. Petit in-8, mar. rouge, fil., tr. dor. (*Capé.*)

Très-bel exemplaire d'une édition rare et précieuse. Chaque page est imprimée dans un encadrement gravé sur bois. La marque de François Juste est sur le titre.

HOLBEIN. Les Simulacres et historiées faces de la mort. *Lyon*, soubz l'escu de Coloigne, 1538. Pet. in-4, mar. noir., fil., fers à froid, tr. d., grandes marges.

Edition originale, très-rare et très-précieuse de ce livre important, sur lequel on peut consulter l'intéressant article que Brunet lui a consacré dans son *Manuel du libraire,* tome III, première partie, page 254, 420 francs.

COSTUMES de tous les peuples du monde, in-fol. mar. r. à comp., tr. dor.

92 costumes gravés au trait sur métal, probablement sur fer, vers 1550, à Nuremberg ou à Augsbourg, 780 francs.

LE LIVRE DU ROY MODUS. Cy finist le present livre intitule le livre de Modus et de la Royne Racio. Imprimé à *Chambery,* par Antoine Neyret, l'an de grace mil quatre cens octante et six, le xx° jour de octobre. In-fol., mar. r., dent. à l'int., tr. d. (Trautz-Bauzonnet.)

Ce bel ouvrage est le premier de tous les livres qui aient été imprimés sur la chasse. Il est orné de figures sur bois et se recommande par son extrême rareté.

DOLET. — La Manière de bien traduire d'une langue en aultre ; de la ponctuation de la langue françoyse ; des accents d'ycelle, le tout faict par Estienne Dolet, natif d'Orléans. A Lyon, chés Dolet mesme, 1541. In-4, mar. r., fil. tr. d. (*Niedrée.*)

Magnifique exemplaire d'une édition rare comme tout ce qui est sorti de la plume ou des presses de Dolet, 141 francs.

STEPHANI DOLETI Orationes duæ in Tholosam ; ejusdem epistolarum libri II. Ejusdem carminum libri II. Ad eumdem epistolarum amicorum liber. (Cum præfatione et argumento in primam orationem Sym. Fineti). *Sans lieu ni date.* (*Lugduni,* apud Seb. Gryphium, circa 1533). Pet. in-8, mar. vert, fil. tr. dor. (*Hardy.*)

Ce volume, important pour l'histoire des premières années de Dolet, est la première et une des plus rares publications de cet écrivain. On y remarque les deux harangues satiriques contre la ville de Toulouse et quelques-uns de ses habitants, tels que le P. Pinachius, le juge-mage

Dampmartin et le poète Gratïen du Pont, auteur des *Controverses des sexes masculin et féminin.*

DE TRISTIBUS FRANCIÆ. De Tristibus Franciæ libri quatuor, ex codice manuscripto bibliothecæ lugdunensis nunc primum in lucem editi, cura et sumptibus L. Cailhava. *Lugduni*, typis Perrin, 1840 ; in-4° avec des vignettes, mar. vert, fil. comp., dor. à petits fers, tr. dor., étui. (*Superbe reliure de Bauzonnet.*)

Tiré à cent vingt exemplaires. Exempl. de l'éditeur, imprimé sur vélin, avec double titre or et noir, 1180 francs.

JURISPRUDENTIA a primo et divino sui ortu, ad nobilem Biturigum Academiam deducta. (Barpt. Anulus auctor.) *Lugduni*, ad Sagittarii signum, 1554. In-4°, mar. bleu, fil. comp. à la Grolier, dent., tr. dor. (*Belle reliure de Kœlher.*)

Splendide exemplaire d'un livre rare. Ce beau volume est orné d'un très-joli frontispice servant d'encadrement à la marque du libraire, des armoiries de Marguerite de France, de dix-huit charmantes figures sur bois. Barthélemi Aneau composa ce poème latin en l'honneur de l'Université de sa ville natale, dont il cite les régents avec éloge. Il décrit la ville de Bourges et tous les monuments qu'elle renferme. Le nom de l'auteur donne un grand prix à ce bijou typographique, 320 fr.

LESPERON DE DISCIPLINE, par noble homme fraire Antoine du Saix, commandeur de Saint-Étienne de Bourg en Bresse. *Sans lieu* ; 1532, in 4°, veau marb., fil. (*Aux armes de madame de Pompadour.*)

Chaque page ornée d'un entourage dessiné et gravé par Geofroy Tory, 490 francs.

CLÉMENT MAROT. *Lyon*, par Jean de Tournes, 1573, un gros volume in-16, mar. citron, fil. tr. dorée, doublé de maroquin rouge, riche dorure à petits fers. (*Ancienne et ravissante reliure.*)

Charmante édition, imprimée avec luxe et bon goût, par notre illustre imprimeur lyonnais. La lettre est ronde, un portrait de Clément Marot orne le titre. Belle dorure de Le Gascon, 190 francs.

MARGUERITES DE LA MARGUERITE des princesses, très illustre royne de Navarre. *Lyon*, Jean de Tournes, 1547, 2 vol. in-8, mar. viol., fil. tr. dor. (*Thouvenin*.)

Edition originale, publiée du vivant de l'auteur par Symon Sylvius, dit de La Haye, escuier, valet de chambre de la Royne. Fig. sur bois, 231 francs.

ŒUVRES DE LOUISE LABÉ, lionnoize. *Paris*, Simon Raçon, 1853, in-8. Imprimé sur peau de vélin, texte entouré des encadrements de Salomon, dit le Petit-Bernard , reproduits d'après ceux dont Jean de Tournes s'est servi dans son édition de la *Métamorphose figurée,* mar. rouge, coins et fleurons sur les plats, tranche ciselée avec chiffre. (*Riche reliure*, dite *à la rose*, beau travail de *Duru*.)

Edition tirée à 120 ex., plus deux sur peau de vélin. « L'un est la propriété de la ville de Lyon, dit Techener avec, sans doute, l'approbation de M. Cailhava ; l'autre est celui-ci, enrichi de six titres divers, or et couleur, de trois médaillons et chiffre or et des armes de la ville de Lyon, également peintes en or et en couleur. » Acheté, par M. le duc D'Aumale, 1,200 francs.

M. Techener fait une erreur quand il avance que la ville de Lyon possède un de ces deux précieux exemplaires imprimés sur peau de vélin. Nous avons vu, dans la note écrite par M. Monfalcon lui-même, que le premier est entre les mains de M. Cailhava; le second à Nantes, chez M. Emile Gautier.

La ville de Lyon ne possède qu'un exemplaire sur papier.

ŒUVRES FRANÇOISES de Joachim Du Bellay, gentilhomme angevin et poëte excellent de ce temps. *Lyon*, Ant. De Harsy, 1575, Pet. in-8°, mar. rouge, fil. tr. dor. (*Trautz-Bauzonnet*).

Magnifique exemplaire d'une rare et précieuse édition, dédiée au Roy Charles IX. Chef d'œuvre de reliure. 260 francs.

CHRESTIENNE RÉCRÉATION de Jean-Denis de Cecier, dit Colony, Gexien. *Berne*, Jean le Preux, 1601. Pet. in-8°. mar. rouge, fil. tr. dor (*Trautz-Bauzonnet*).

Délicieuse plaquette introuvable ; reliure parfaite d'élégance et de goût.

Ce mince volume est un recueil de poésies fort jolies, mais hétérodoxes. L'auteur et l'imprimeur appartenaient à ces familles protestantes réfugiées en Suisse, à la fin du xvi° siècle, pour échapper aux réactions religieuses. 131 francs.

RECUEIL DES ŒUVRES POÉTIQUES du sieur David Rigaud, marchand de la ville de Crest en Dauphiné, avec le poème de la Cigale, autant merveilleux en ses conceptions qu'en la suite. A *Lyon*, 1653, petit in-8°, mar. rouge, fil. tr. dor. (*Niedrée*).

Petit volume de toute rareté, un des plus précieux des collections dauphinoises. 220 francs.

DANTE, con nuove et utili ispositioni. *Lione*, G. Rouillio, 1575. In-16, mar. brun, tr. dor. (*Trautz-Bauzonnet*).

Admirable reliure, digne d'une de nos plus jolies éditions lyonnaises. Bel exemplaire, portrait, figures sur bois. 70 francs.

L'HOMME PÉCHEUR, par personnages, joué en la ville de Tours. Imprimé *à Paris*, par maistre Pierre Le Dru... l'an mil cinq cens et huyt. In-fol. goth. mar. rouge, fil. doublé de mar. bleu, dent. tr. dor. *(Trautz-Bauzonnet.)*

Perle de la collection, admirable exemplaire d'un Mystère qui contient 22,000 vers. Il a passé dans les bibliothèques de MM. de Bure et Armand Bertin ; c'est le seul qui existe dans les bibliothèques particulières; il n'était ni dans la collection de M. de Soleinne ni dans celle du prince d'Essling. 3,750 francs.

LA NEF DES PRINCES ET DES BATAILLES. — Composez par maistre Symphorien Champier, jadis natif du Lyonnois. A Paris, Phil. Le Noir, 1525, Pet. in-4° goth. fig. sur bois, mar. brun, fil. comp. dorure du seizième siècle. (*Capé*.)

« C'est un des livres les plus rares et les plus curieux de Symphorien Champier » dit M. Allut dans son Etude sur cet historien. Ce recueil renferme vingt opuscules de Champier et deux traités de Robert de Balzac. 390 francs.

Paris et la belle Vienne ; imprimé *à Lyon*, sur le Rosne, près Nostre-Dame de Confort, par Claude Nourry, 1520. In-4° ; gothique, figures sur bois, mar. bleu, comp. fil. tr. dor. (*Bauzonnet.*)

Roman de chevalerie intéressant ; exemplaire de M. Armand Bertin. 355 fr.

Les Louanges de la Folie, trad. par Jean du Thier. Lyon, Benoist Rigaud, 1567, in-8°, mar. vert, fil. tr. dor. (*Duru.*)

Exemplaire de M. Coste. 68 francs.
On trouve dans ce traité facétieux des détails piquants sur les mœurs de l'Italie au xvi° siècle.

La Récréation ou mignardises et devis d'amours. Lyon, Benoist Rigaud, 1583. In-16, mar. vert.

Figure sur bois, rare.

L'Amant ressuscité de la mort d'amour, par Théodose Valentinian, *Lyon*, Maurice Roy et Loys Pesnot. 1557. In-4°. Veau fauve, fil. tr. dor. (*Niedrée.*)

Ouvrage singulier.

Les Différens Caractères des femmes du siècle. *Lyon*, 1695, in-12, mar. br. tr. dor. *(Trautz-Bauzonnet.)*

Vives railleries contre les femmes. 48 francs.

Hécatomphile. *Lyon*, en la maison de Franc. Juste. 1534. Pet. in-8°, gothique allongé, mar. rouge, fil. tr. dor. Des plus rares. 109 francs.

Proverbios de Seneca. Impressos en Sevilla por Juan Croberger. 1535. In-fol. goth. à deux col. lettres initiales gravées sur bois, mar. brun, fil. à riches compartiments, tr. d. *(Capé.)*

Ouvrage aussi beau que rare. 345 francs.

Le Premier livre des narrations fabuleuses, avec les poésies de Guillaume Gueroult. *Lyon*, Granjon, 1558. In-4, mar. bleu, fil. tr. dorée. *(Bauzonnet-Trautz.)*

Imprimé en caractères de civilité. Exemplaire de M. Armand Bértin. 285 francs.

Mélanges publiés par la Société des Bibliophiles français. Paris, Didot. 1820-29. 6 vol. in-8°, pap. vélin, demi rel. v. non rog.

Tirés à trente exemplaires. 425 francs.

Les maravilles de Rome. Pélerinages, églises, corps saints.... Imprimées à Rome, par maistre Antoine de Bladi de Asula. M. D. xx. iiii. Pet. In-8° goth. fig. sur bois, mar. brun, fil. tr. dor. *(Trautz-Bauzonnet.)*

Livre des plus rares, offrant cette particularité d'avoir été imprimé en français, à Rome, en 1524 ! 396 francs.

Les fleurs et manières des temps passez et des faiz merveilleux de Dieu tant de l'ancien Testament comme du Nouveau. *Genève.* Loys M. Cruse, 1495. In-fol. goth. fig. sur bois, mar. brun, fil. comp. dorure du xvi° siècle, tr. dor. *(Duru.)*

Volume de toute rareté. 555 francs.

Les grandes chroniques de France. *Paris* 1514. 3 vol. In fol. mar. bleu, fil. tr. dor. les plats couverts de fleurs de lis. *(Capé.)*

Grand de marge, réglé avec soin. 1,295 francs.

Les Chroniques du Très-chrestien et très- victorieux Loys de Valois feu Roy de Frace q Dieu absolve unzièsme de ce no. S. l. ni. d. (Imprimé à Lyon, par Michelet Topie de Pymont, vers 1488) In-fol. goth. maroq. rouge, fil. doublé de mar. bleu, dent. tr. dor. *(Belle reliure de Trautz-Bauzonnet.)*

Magnifique exemplaire d'un volume précieux, connu sous le nom de *Chronique Scandaleuse.* 1,545 francs.

Interprétation grecque, latine, toscane et françoise du Monstre ou Enigme d'Italie, par Gabriel Syméon. *Lyon,* Voulant, 1553. In-8°, mar. rouge, fil. tr. dor. (*Trautz-Bauzonnet*).

Le *Monstre d'Italie* est la figure allégorique des divers Etats italiens, et cette conception bizarre n'a pour but que d'engager Henri II à la conquête de l'Italie. 91 francs.

L'ORACLE DU CHANT de Protée où sont prédites les glorieuses victoires de Henry IIII. Par Godard, parisien, avec les commentaires de Claude Lebrun, advocat beaujollois. *Lyon*, Th. Ancelin, 1594. Pet. in-4°, mar. bleu. tr. d. (*Trautz-Bauzonnet.*)

Bel ex. d'une édition rare. 110 francs.

LA GAZETTE FRANÇOISE, par Marcellin Allard, forésien. Paris, Chevalier, 1605. Pet. in-8°. mar. rouge, tr. dor. (*Duru*).

Voir *Brunet, Manuel du libraire,* au sujet de ce livre curieux. 275 francs.

DESCRIPTION de la Limagne d'Auvergne en forme de dialogue... Trad. de l'ital. de Gabriel Syméon en langue françoyse par Antoine Chappuys, du Dauphiné. *Lyon*, Guil. Roville, 1561, in-4°. mar. bleu, fil. tr. dor. (*Hardy*).

Grande carte et vues. 134 francs.

CY COMMENCE ung petit liure de lantiquite, origine et noblesse de la très-antique cite de Lyon. Par Morien Piercham. (*Symphorien Champier*). Imprimé à l'Isle Gallique, dicte lyonnoise. 1529. in-4° goth. mar. r. tr. dor. (*Duru*)

Joli volume. 188 francs.

HISTOIRE CIVILE et consulaire de Lyon. Par le P. Menestrier. *Lyon*, 1696. In-fol. mar. rouge, fil. comp. tr. dor. (*Kœhler*.)

Complet, avec *l'horloge de Saint-Jean de Lyon.* 225 francs..

LA GRANT TRIUMPHE faicte des nobles princes, M. le Dauphin et le noble duc d'Orléans, et de la royne madame Aliénor, en la noble ville et cité de Lyon. Sans lieu ni date, (vers 1530). Pet. in-8° de quatre feuillets, goth. mar. r. dent, fil. tr. dorée.

Rarissime plaquette, la seule qui ait jamais paru dans les ventes.

Elle donne les détails les plus curieux sur le voyage de François I à Bayonne, la rançon de deux millions d'écus d'or que le roi fut obligé de payer pour délivrer ses deux fils et obtenir sa fiancée, la princesse Eléonore, sœur de Charles Quint ; sur les deux armées de France et d'Espagne en présence, l'une pour accompagner les enfants, l'autre pour recevoir la rançon, le costume espagnol des deux princes et de la reine, les adieux du Dauphin, tenant un chien entre ses bras et autres particularités que ne dédaigne point l'histoire.

« Incontinent que mesdictz seigneurs les enfans ont esté en France, le roy notre sire a envoyé par tout son royaulme faire assavoir. la dicte venue et qu'on fist les processions géneralles.... ce qui a esté faict solennellement en la bonne ville et cité de Lyon, le jeudy ensuyvant, septiesme jour du dict moys de juillet 1530.

Tous les corps de métiers s'assemblèrent en armes pour faire monstres par la ville. Puis on dressa sur la place de l'Hôtel-de-ville ung sapin grant à merveille, persé par le pied jusques au milieu ; là estoit le feu assis de sy noble façon que jamais homme vit. Les Florentins, c'est à dire les changeurs et banquiers qui habitaient au delà du pont de la Saône, firent construire des fontaines d'où le vin coulait en abondance et *getoyént doubles et liards à grand largesse.* Le lendemain, 7 juillet (1530) eut lieu la procession générale. On y remarquait quatre vingts bannières ; les petits enfants habillés de blanc ; les garçons devant et les filles après.

« Et durant la dicte procession ont esté jouyé parmy les rues, commédies, facéties et fainctises si très-illustrement et ingénieusement comprinses que jamais fils d'homme ne vit ny ne ouyt parler de telles entreprinses. »

Monstres en armes, feux de joie, largesses, processions, jeux de théâtres rien ne fut oublié par les Lyonnais pour fêter dignement le retour en France des fils de François 1er.

Cette si importante brochure de quatre feuillets a été vendue 510 francs.

Mémoires de l'histoire de lyon, par Guillaume Paradin, doyen de Beaujeu. *Lyon* par Ant. Gryphius. 1573. in-fol mar. rouge, fil. dos riche, tr. dor. (*Duru*)

Beau livre, admirablement imprimé. 187 francs.

Les Mazures de l'abbaye royale de l'Isle-Barbe ou
Recueil historique de tout ce qui s'est fait de plus mémorable
en cette Eglise... par Claude le Laboureur. Paris, Couterot,
1681. Deux vol. petit in-4°, mar. vert, fil, tr. dor. figures
gravées. (*Duru*).

On a cru longtemps que cet important ouvrage avait eu trois éditions. Un examen sérieux a fait reconnaître que le libraire de Paris,
Couterot, a simplement fait quelques changements de titres ou de
cartons aux exemplaires qu'il avait en magasin, mais qu'il n'y avait
eu qu'une composition et qu'un tirage.

Le présent exemplaire, et c'est ce qui en fait la valeur, avait tout
ce qui pouvait fixer sur cette question.

On y trouve les trois titres: au Vase de fleurs et au Masque, 1665,
et à saint Pierre et son coq, 1681 ; plus un quatrième titre sans
tomaison, de 1682, Paris. La feuille 516 réimprimée 316, avec le
paragraphe changé.

La liste de quelques moines.

Le projet de la deuxième partie : la table des maisons nobles.

Le supplément publié en 1846, par M. Rivoire, libraire, avec des
notes de M. de Terrebasse.

Enfin, quatre vignettes représentant des vues de l'Ile-Barbe à différentes époques.

Cet exemplaire, dans son excellente condition, et avec ces additions éclaircissant un mystère n'est monté qu'à 380 francs.

Deux cents ans plus tard, M. Monfalcon, suivant l'exemple de
Couterot, après avoir fait imprimer chez M. Vingtrinier son bel ouvrage *Le Nouveau Spon*, fit ensuite changer le frontispice qui, imprimé chez Louis Perrin, annonça désormais le *Manuel du Bibliophile lyonnais*.

Pendant plusieurs années, à chaque changement de ministère,
arrivaient des réclamations au sujet du *Bibliophile lyonnais* que ne
possédaient pas les Bibliothèques de Paris, ce qui faisait présumer à
l'autorité que le dépôt légal n'avait pas été fait. Or, on connaît l'importance des procès de presse.

A chaque demande, M. Perrin, soucieux et malade, répondait qu'il
n'avait jamais imprimé de livre de ce nom et M. Vingtrinier, interpellé
à son tour, exhibait ses reçus de la préfecture, mais pour *Le Nouveau*

Spon seulement, seul ouvrage qu'il reconnût être sorti de ses presses.

Un mémoire détaillé a expliqué à l'Administration par quelle fantaisie, l'illustre historien de Lyon avait ainsi dérouté les Conservateurs de la Bibliothèque impériale et préparé une énigme pour la sagacité des bibliophiles de l'avenir.

En effleurant ici tant de précieux volumes, en butinant à travers tant de richesses, nous avons laissé de côté, avec soin, les splendides éditions de Rome, de Venise ou de Paris, dont la provenance nous eût parue suspecte, ainsi que les ouvrages modernes dont les nombreux volumes, dont les collections complètes ont atteint cependant un prix élevé. De ce que le *Voltaire* de Cailhava s'est vendu 355 francs, ou son *La Fontaine* 240, nous ne pouvions tirer la conséquence que sa bibliothèque fût précieuse et que ses livres fussent dignes d'un amateur. Ceux-ci faisaient nombre, en effet, ils ont produit une somme considérable ; mais, décrivant le cabinet d'un bibliophile, parlant de son goût pur, et de son tact si fin, de son amour éclairé pour les raretés ou les belles impressions, nous avons dû dédaigner tout ce qui pouvait s'acheter couramment chez un libraire, pour ne nous arrêter qu'aux véritables curiosités.

En nous réduisant aux seules éditions lyonnaises, que de perles, que de bijoux nous avons pu exhiber, et quel nombre plus grand encore avons-nous passé sous silence !

Le douloureux sacrifice de toutes ces richesses a produit 80,000 francs.

Si la première vente n'avait pas sauvé Cailhava, la seconde fut moins efficace encore. Abreuvé d'amertume, accablé d'ennuis, assailli par les hommes d'affaires qui ne ménageaient ni son amour-propre ni sa délicatesse, il s'éteignit juste un an après la dispersion de ses chers compagnons d'étude, de ses livres qu'il avait tant aimés. Sa bibliothèque avait été vendue du 8 au 13 décembre 1862 ; il s'éteignit, dans la souffrance et le chagrin, le 15 décembre 1863.

On lui fit des funérailles dignes de son nom et de son rang, mais, ses propriétés vendues et tous les créanciers désintéressés, il ne resta plus grand chose au fils de sa sœur, son exécuteur testamentaire, l'unique héritier de l'immense fortune qui s'était fondue si malheureusement dans ses mains.

Ses restes reposent à Sainte-Foy, dans le mausolée de sa famille. Il ne s'était pas marié et son nom, qui est dignement porté à Paris et dans le Midi, est complètement éteint à Lyon.

Lyon. — Imp. d'A. Vingtrinier, V. Curtay, suc.